"十二五"辽宁省重点图书出版规划项目

三友会计论丛　第19辑

国家自然科学青年基金项目（71902099）研究成果

产业政策的
并购效应研究

张志平　著

东北财经大学出版社　大连

Dongbei University of Finance & Economics Press

图书在版编目（CIP）数据

产业政策的并购效应研究/张志平著. —大连：东北财经大学出版社，2023.12

（三友会计论丛·第19辑）

ISBN 978-7-5654-5008-2

Ⅰ.产… Ⅱ.张… Ⅲ.产业政策-影响-企业兼并-研究-中国 Ⅳ.F279.214

中国国家版本馆CIP数据核字（2023）第204283号

东北财经大学出版社出版

（大连市黑石礁尖山街217号　邮政编码　116025）

网　　址：http://www.dufep.cn

读者信箱：dufep@dufe.edu.cn

大连图腾彩色印刷有限公司印刷　　东北财经大学出版社发行

幅面尺寸：170mm×240mm　　字数：168千字　　印张：11.5　插页：1

2023年12月第1版　　　　　　　　　2023年12月第1次印刷

责任编辑：王　莹　周　晗　　　　　　责任校对：刘贤恩

封面设计：原　皓　　　　　　　　　　版式设计：原　皓

定价：58.00元

教学支持　售后服务　　联系电话：（0411）84710309

版权所有　侵权必究　　举报电话：（0411）84710523

如有印装质量问题，请联系营销部：（0411）84710711

随着我国以社会主义市场经济体制为取向的会计改革与发展的不断深入，会计基础理论研究的薄弱和滞后已经产生了越来越明显的"瓶颈"效应。这对于广大会计研究人员而言，既是严峻的挑战，又是难得的机遇。说它是"挑战"，主要是强调相关理论研究的紧迫性和艰巨性，因为许多实践问题急需相应的理论指导，而这些实践和理论在我国又都是新生的，没有现成的经验和理论可资借鉴；说它是"机遇"，主要是强调在经济体制转轨的特定时期，往往最有可能出现"百花齐放，百家争鸣"的昌明景象，步入"名家辈出，名作纷呈"的理论研究繁荣期和活跃期。

迎接"挑战"，抓住"机遇"，是每一个中国会计改革与发展的参与者和支持者义不容辞的责任。为此，我们与中国会计学会财务成本分会、东北财经大学会计学院联合创办了一个非营利的学术研究机构——三友会计研究所，力求实现学术团体、教学单位、出版机构三方的优势互补，密切联系老、中、青三代会计工作者，发挥理论界、实务界、教育界的积极性，致力于会计、财务、审计三个领域的科学研究和专业服务，以期为我国的会计改革与发展做出应有的贡献。

三友会计研究所的重大行动之一就是设立了"三友会计著作基金"，用于资助出版"三友会计论丛"。它旨在荟萃名人力作及新人佳作，传播会计、财务、审计研究与实践的最新成果与动态。"三友会计论丛"于1996年推出第一批著作；自1997年起，本论丛定期遴选并分辑推出。

采取这种多方联合、协同运作的方法，如此大规模地遴选、出版会计著作，在国内尚属首次，其艰难程度不言而喻。为此，我们殷切地希望广大会计界同仁给予热情支持和扶助，无论作为作者、读者，还是作为评论者、建议者，您的付出都将激励我们把"三友会计论丛"的出版工作坚持下去，越做越好！

东北财经大学出版社

产业政策是政府为了实现一定的经济和社会目标而对产业的形成和发展进行干预的各种政策的总和。虽然近年来已有学者关注产业政策和微观企业行为的话题，然而研究大多集中于企业创新、企业融资以及企业投资等微观企业行为方面，关于产业政策和企业并购关系的研究仍比较匮乏。微观企业的并购决策是否受政府实施的产业政策的影响？这对检验产业政策微观效应的有效性极为重要。

本书基于中国独特的制度情境为研究产业政策并购效应提供的良好背景与契机，立足微观角度，以并购为切入点，从企业并购决策的行为和后果两方面，对产业政策的微观作用路径与机理进行理论推导和逻辑演绎，探讨其对企业并购的影响及后果，在此基础上，进一步检验高管团队异质性对产业政策微观效果的影响。本书的研究主要回答了三个问题：产业政策是否影响以及如何影响企业并购行为？产业政策是否影响以及如何影响并购价值创造？产业政策对并购行为和并购效果的影响是否会因做出并购决策的高管团队异质性而存在差异？

为实现上述研究目的，本书以我国沪深A股上市公司及其并购事件为研究对象，从产业政策的角度，结合相关理论，从并购决策和并购目标公司选择两个维度检验产业政策对企业并购行为及其后果的影响和作用机制；在此基础上，进一步探究高管团队异质性对产业政策并购效应的影响。具体安排为：第 1 章绪论；第 2 章文献综述；第 3 章理论基础，包括概念界定和并购动因理论；第 4 章产业政策与企业并购行为研究，即从并购行为角度研究产业政策的并购效应；第 5 章产业政策与企业并购效果研究，即从并购效果角度研究产业政策的并购效应；第 6 章高管团队异质性与产业政策的并购效应研究，即从高管团队角度研究高管团队异质性对产业政策并购效应的影响；第 7 章产业政策影响企业并购的案例研究；第 8 章研究结论与展望。

首先，本书以资源基础理论、风险管理理论和市场势力理论等为理论基础，通过相关理论分析提出研究假设并进行研究设计，选取 2007—2020 年中国沪深 A 股上市公司作为研究样本，从企业并购决策和并购目标公司选择两个维度，研究产业政策对企业并购行为的影响及其作用机制。研究发现，产业政策对企业并购决策以及专业化并购目标公司选择具有积极效应，受产业政策支持的企业更倾向进行并购决策，并且更倾向选择专业化的目标公司进行并购；融资约束的缓解和企业风险承担水平的提高是产业政策影响企业并购决策的重要作用机制；行业竞争度的提高是产业政策影响企业并购目标公司选择的重要作用机制。上述分析与检验拓展了产业政策对企业微观行为影响的范畴，为产业政策的微观效果提供了经验证据，同时还丰富了宏观经济政策与微观企业行为的研究。

其次，本书以资源基础理论、委托代理理论和寻租理论等为理论基础，选取 2007—2020 年中国沪深 A 股发生并购事件的上市公司作为研究样本，实证研究发现，产业政策具有积极的并购效应，受产业政策支持的企业具有更高的长期并购绩效。经过 DID 双重差分等内生性检验、替换变量检验以及对公司层面进行群聚调整检验等稳健性检验，研究结论依然稳健。机制研究发现，产业政策对企业并购绩效的提升主要通过资源效应机制和治理效应机制的作用来进行。从产业政策的视角分析企业并购绩效，丰富了企业并购绩效的相关研究，将企业并购绩效的影响因素从公司微观层面拓展到宏观层面，加深了对企业并购绩效的理解。

再次，本书以高层梯队理论、信息决策理论和社会分类理论等为理论基础，基于高管人口统计学特征差异，选择性别异质性、学历异质性、年龄异质性和任期异质性四个维度，采用2007—2019年中国沪深A股上市公司及其并购事件作为研究样本，检验高管团队异质性对产业政策并购效应的影响，对高管团队异质性的作用机制进行理论分析和实证检验。研究发现，高管团队的任期异质性、性别异质性和学历异质性对产业政策的并购效应具有影响。通过将高层梯队理论拓展至企业的具体行为决策过程，系统深入地研究和探讨高管团队异质性的调节效应，有助于深化对高管并购决策过程及其后果的认识，为企业自身规范并购行为及相关监管部门制定产业政策提供参考。

然后，本书采用案例分析的方法，对产业政策的并购效应进行深入的案例探讨。本部分选择青岛海尔并购PML公司、鲁泰纺织并购鲁泰（越南）、中宠股份并购NPTC三个案例，通过对并购动因、东道国选择、目标公司优势以及并购后果等进行分析，探讨企业在共建"一带一路"国家进行并购的动机及其路径选择，研究不同的并购目标公司选择对中国企业跨国并购后果的影响差异。研究发现，集团管控方式、企业海外战略目标、企业自有资金情况、企业所处行业的多样性以及管理的权变性，导致了中国企业跨国并购动机、目标公司选择及其后果的差异。从"一带一路"倡议的视角对企业并购决策和并购绩效进行案例分析，进一步丰富了产业政策的并购效应研究。

最后，对本书的研究进行归纳总结和展望。产业政策具有显著的并购效应，受产业政策支持的公司更容易发起并购，更倾向于选择专业化的并购目标公司，并且并购绩效显著提高；进一步研究发现，产业政策的并购效应受高管团队异质性的影响。本书从企业外部制度因素和内部高管治理因素两方面拓展了企业并购决策及其后果的影响因素研究，丰富了宏观经济政策和微观企业行为的研究文献。本书的研究结论为企业并购决策以及产业政策制定提供了一定的经验证据参考。

本书是国家自然科学青年基金项目"中国情境下并购目标公司选择的动因与效应研究：产业政策视角"（71902099）、教育部人文社科研究项目"中国情境下产业政策的并购效应研究：路径、机制与后果"（16YJC630173）和山东省社科规划研究项目"'一带一路'倡议下产业政策对跨境并购的影响机制与效应研究"（19CGLJ16）的研究成果。本书出版得到国家自然科学青年基金项目（71902099）的资助。

张志平

2023 年 11 月

目录

第 1 章

绪 论

1.1 ——————研究问题的提出——————

产业政策是政府为了实现一定的经济和社会目标而对产业的形成和发展进行干预的各种政策的总和。政府一般通过制定产业中长期发展规划，以及通过制定投资目录、税收减免、投资补助、贷款贴息、财政补贴、关税保护、核准等多种方式，引导和控制产业投资方向，对经济结构进行调整（刘社建，2014）。经济学者一般从宏观角度研究产业政策的效果，关注产业政策与产业整合绩效的关系，认为通过实施产业政策，扶持和促进某些特定产业部门的发展，能够带动整个国民经济的发展，缩小落后国家与发达国家之间的差距。近期财务学界开始关注企业财务决策过程中的产业政策效应问题，但文献数量仍然较少，主要限于投融资以及企业创新等方面的产业政策效应检验，对并购的产业政策效应尚缺乏系统性分析和严格的实证检验。并购是实现产业结构调整的重要方式。根据清科数据的统计，从 2007 年到 2019 年，并购市场完成的交易从 201 起增加到 2 782 起，并购交易金额从 270 亿美元增加到 2 467 亿美元，年均增幅超过 80%。并购市场蓬勃发展，企业并购成为产业整合与产业升级的重要工具。微观企业的并购决策是否受政府实施的产业政策影响？这对检验产业政策微观效应的有效性极为重要。

中国独特的制度情境为研究并购的产业政策效应提供了良好的契机，本书将基于这一契机，立足微观角度，以并购为切入点，从企业并购决策的行为和后果两方面，研究产业政策对企业并购的影响。由于企业并购决策过程中，高管团队对产业政策的解读与运用是关系产业政策效果的关键，因此，本书以高管团队异质性研究和中国产业政策特有的复杂性对理论创新的需求为导向，以中国情境下企业并购决策过程为研究切入点，理论推导和逻辑演绎产业政策的微观作用路径与机理，探讨其对并购决策的影响及后果，在此基础上，进一步检验高管团队异质性对产业政策微观效果的影响。本书具体回答以下三个问题：

问题一：产业政策是否影响以及如何影响企业并购决策？产业政策是否影响以及如何影响企业并购目标公司的选择？这些问题的分析与检验是解释产业政策对并购行为影响的基础，也是本书首先要研究的问题。

问题二：产业政策对并购决策的影响是否有利于并购价值创造，是否会导致并购效果的异化？为什么会导致并购效果的异化？这是研究产业政策对并购影响的核心问题。并购是企业重要的战略投资决策，并购的战略动机是基于企业自身战略发展的需要，并购后以并购双方各自的核心竞争优势为基础，通过优化资源配置产生积极的协同效应，促使以主并方为主体的集团企业获得持续价值创造的能力，从而有助于企业战略目标的实现，但是并非所有的并购活动都有利于企业价值提升。所以，并购后的企业价值提升效果是检验并购成功与否的关键，受产业政策支持的企业所进行的并购是否有利于并购价值的创造是本书要研究的第二个问题。

问题三：产业政策对并购行为和并购效果的影响是否会因做出并购决策的高管团队异质性特征而存在差异？在企业并购决策过程中，高管团队对产业政策的解读与运用是本书研究的核心问题之一，而这一行为过程不仅受到产业政策的影响，还会通过作用于并购决策继而影响产业政策效应。因此，从企业并购视角探究高管团队对产业政策的实施行为是本书研究的第三个问题。

1.2　研究意义

本书以中国情境下企业并购决策为切入点，理论推导和逻辑演绎产业政策的微观作用路径与机理，探讨产业政策对企业并购的影响及后果，并检验高管团队异质性对产业政策微观效应的调节作用，研究具有重要的理论意义和现实意义。

1）理论意义

本书的理论意义在于，一方面，为产业政策效果研究拓展了新的视角；另一方面，丰富并购影响因素的文献积累。本书在既有研究基础上，探索产业政策作用于微观主体的路径以及作用机理，分析产业政策对企业并购决策的影响及其后果，有助于拓展对产业政策作用于微观主体的路径、作用机制及效果的认知，丰富宏观经济政策与微观企业行为的研究，从产业政策角度拓展和丰富企业并购影响因素研究。

2）现实意义

本书的现实意义在于为企业并购实践以及产业政策制定提供参考。利用中国产业政策的相关资料和中国 A 股上市公司的实际运行数据，通过理论分析、数据建模、实证检验和案例研究等方法，从并购决策的行为过程出发，具体探讨产业政策对企业并购的影响及后果，这将有助于对中国情境下产业政策的微观效应有更加深入的认识，有助于深化对高管并购决策过程及其后果的认识，为企业自身规范并购行为及相关监管部门制定产业政策提供参考。

1.3　研究内容

本书主要是从企业并购行为和并购效果两方面研究产业政策的并购效应。本书运用理论分析、数理模型构建与计量分析、案例研究等方法，以中国产业政策特有的复杂性对理论创新的需求为导向，结合资源基础理

论、公司治理理论、并购理论、高层梯队理论等理论依据，研究产业政策
对企业并购行为的影响和作用机制，在此基础上，进一步检验高管团队异
质性特征对产业政策微观效果的影响。具体而言，全书后续内容共分
七章：

第2章是文献综述，本部分对既有文献从以下四个方面进行综述：一
是产业政策微观效应相关研究的综述，包括产业政策对企业投资的影响、
产业政策对企业融资的影响、产业政策对企业创新的影响、产业政策对企
业风险承担以及股价等微观企业其他方面的影响进行综述分析；二是并购
影响因素相关研究的综述，主要从外部宏观因素和内部公司治理因素以及
管理层因素等角度分析影响并购的各类因素；三是并购目标公司选择影响
因素的相关研究，主要从信息不对称、战略选择、目标公司特征和制度环
境等方面分析影响并购目标公司选择的因素；四是进行文献述评。

第3章是理论基础。首先对主要概念进行界定，包括产业政策和并购
两个核心概念；然后主要从传统并购动因、并购浪潮动因以及中国特色并
购动因等方面对影响并购动机的相关理论进行分析。

第4章是产业政策对并购行为的影响研究。本部分主要探究产业政策
影响企业并购的传导路径和作用机制，以2007—2020年非金融类A股上
市公司为研究样本，从并购决策和并购目标公司选择两方面检验产业政策
的并购效应。研究发现，相比未受产业政策支持的企业，受产业政策支持
的企业更倾向于做出并购决策；相比未受产业政策支持的企业，受产业政
策支持的企业更倾向于选择专业化并购目标公司进行并购。

第5章是产业政策对并购效果的影响研究。本部分主要从并购绩效方
面检验产业政策的并购效应，并进一步从资源效应和公司治理效应两方面
检验其作用机制。研究发现，受产业政策支持的企业的并购绩效更好。

第6章是高管团队异质性对产业政策并购效应的影响研究。借鉴高层
梯队理论，从高管团队成员的年龄、任期、性别和学历四个方面考察高管
团队异质性，研究高管团队异质性对产业政策并购效应的调节作用。

第7章是产业政策影响企业并购的案例研究。本部分以山东省为例，
选择青岛海尔并购PML公司、鲁泰纺织并购鲁泰（越南）公司以及中宠
股份并购NPTC三个案例，通过对三个案例并购动机及其后果的分析，探

讨山东省上市公司在共建"一带一路"国家进行并购的动机及其路径选择。

第8章是研究结论与展望，对研究结论进行归纳总结，并对后续研究进行展望。

1.4　研究方法

本书总体上遵循"问题界定—文献回顾—理论分析—实证检验—案例分析—研究结论"的技术路线，通过理论分析提出研究假设；利用经验数据进行大样本实证研究，借鉴相关上市公司案例进行案例研究，得出研究结论。针对研究问题和研究内容，本书拟采用规范研究和实证研究相结合、逻辑推理和计量分析相结合的研究方法，具体如下：

1）规范研究方法

规范研究主要用于基础研究部分和产业政策影响企业并购的理论分析部分。在基础研究部分，应用文献分析法，通过对既有相关研究文献的梳理与分析，探究本书的研究方向与意义，理清本书的研究脉络。在理论分析部分，主要以资源基础理论、委托代理理论、并购理论和高层梯队理论等为理论基础，探究产业政策影响企业并购行为和效果的作用机理，以及高管团队异质性对产业政策并购效应的调节机理，并提出研究假设。

2）实证研究方法

本书实证研究从两方面展开：一是大样本实证研究；二是案例研究。首先，基于企业并购行为和并购绩效两个角度，构建产业政策对企业并购影响的实证模型；其次，合理选择产业政策、高管团队异质性、并购决策、并购目标公司选择、并购绩效等变量，并采用科学的方法进行赋值。在实证研究阶段，综合运用 Probit 回归、OLS 回归、DID 双重差分检验、安慰剂检验等计量方法，选择中国深沪 A 股上市公司为样本，对本书提出的研究假设进行大样本实证检验。随后选取三个典型案例，采用案例研究的方法进行深入研究。

1.5 ──────────── 研究创新 ────────────

　　本书研究创新之处是以中国产业政策特有的复杂性对理论创新的需求为导向，从中国企业并购实践出发，理论推导和逻辑演绎产业政策的微观作用路径与机理，探讨其对并购决策的影响及后果，以期在宏观经济政策和微观企业行为研究方面取得突破。具体来说，主要包括三方面创新：

　　1）拓展和深化产业政策微观效果的相关研究

　　本书在既有研究的基础上，探索产业政策作用于微观主体的路径以及作用机理，分析产业政策对企业并购决策的影响及其后果，有助于拓展对产业政策作用于微观主体的路径、作用机制及后果的认知。本研究将拓展产业政策对企业微观行为影响的范畴，为产业政策微观效果提供经验证据，同时还丰富了宏观经济政策与微观企业行为的研究。

　　2）拓展和深化并购影响因素的相关研究

　　既有研究产业与并购关系的文献主要是从产业生命周期角度进行分析，而产业政策更能直观反映和刻画企业外部产业环境，所以本书从产业政策的视角分析企业并购及其绩效，丰富了企业并购的相关研究，将企业并购的影响因素从公司微观层面拓展到宏观层面，加深对企业并购行为的理解。

　　3）拓展和深化高层梯队理论的相关研究

　　既有研究主要关注高层梯队理论在战略决策和企业绩效方面的影响，本书将高层梯队理论拓展至企业的具体行为决策过程，并重点深入而系统地探讨高管团队异质性的调节效应，有助于深化对高管并购决策过程及其后果的认识，拓展和深化高层梯队理论的相关研究。

文献综述

基于本书研究目标，本章将从产业政策的微观效应研究、并购影响因素研究和并购目标公司选择的影响因素研究三个方面对国内外相关研究文献进行综述。

2.1 ——————产业政策微观效应的相关研究——————

产业政策的微观效应研究主要是关于产业政策对微观企业影响的研究，现有研究主要关注产业政策对企业投资、融资、创新等方面的影响。

2.1.1 产业政策对投资的影响研究

产业政策对投资的影响研究是产业政策微观效应研究的重点，主要存在积极效应观和消极效应观两种不同的观点。

产业政策对投资的积极效应观认为，产业政策促进了受支持企业的投资。Du 等（2014）通过研究关税自由化和税收补贴对中国对外直接投资的影响发现，中国加入 WTO 后实施的关税减免政策增加了中国对外直接投资的规模，提高了企业生产率。姜英兵和崔广慧（2019）从环保投资角度研究了产业政策对企业投资的影响，他们以 2006—2015 年沪深 A 股重污染上市公司为样本，研究发现，环保产业政策通过压力效应与激励效应两种机制促使企业加大环保投资力度，有效抑制了工业废物排放，发挥了积极的环境治理效应。邵宇佳等（2023）采用多期双重差分模型实证研究了产业政策对中国企业对外投资的影响，研究发现，产业政策会促进企业对外投资规模的增加，但产业政策退出则会导致企业对外投资额下降，并且这种影响在民营企业对外投资和对高收入国家的投资中更为显著。

产业政策对投资的消极效应观认为，虽然产业政策的支持会增加受支持企业的投资规模，但却可能引致过度投资，甚至导致投资效率的降低。例如，黎文靖和李耀淘（2014）研究发现，产业政策扩大了我国A股民营上市公司的投资规模，但降低了这些公司的投资效率。王克敏等（2017）研究发现，与未受产业政策支持的企业相比，受产业政策支持企业的政府补助和长期负债较多，从而导致受扶持企业出现投资水平越高但投资效率越低的问题，过度投资程度也更为严重。步丹璐等（2017）研究发现，受产业政策支持的企业，其异地股权投资的金额、次数和省份数都会大大增加，这种作用在国有企业和非政治关联企业中表现更明显；受产业政策支持的企业在进行异地股权投资时，可以获得更多省外银行借款和政府补助。吴世农等（2023）研究发现，受产业政策扶持企业的投资效率显著下降，通过产业政策影响企业投资效率下降的机制检验发现，财政补贴政策和信贷支持政策发挥了完全中介作用，税收优惠政策发挥了部分中介作用。

随着研究的深入，部分学者开始关注产业政策影响企业投资的机制。何熙琼等（2016）通过研究发现，银行信贷是产业政策影响企业投资效率的中介变量，由于受到产业政策支持，企业更容易获得银行借款，融资信贷水平上升，投资效率提高；外部市场竞争是产业政策影响投资效率的调节变量，市场竞争程度越高，产业政策越能提升企业的投资效率。关宇航和师一帅（2019）研究发现，受产业政策支持的民营企业可以获得更多的新增银行贷款，这些信贷资源（银行贷款增量）一方面有助于缓解融资约束，减少投资不足，提高投资效率，另一方面可能导致资金滥用，导致过度投资，降低投资效率；但是当民营企业公司治理的质量越高时，产业政策支持带来的信贷资源会弱化对投资的消极影响，提高投资效率。唐建新和罗文涛（2016）从正式制度（产业政策）和非正式制度（政治关联）的角度分析了民营企业的投资问题，研究发现，产业政策有助于提高民营企业投资水平，但限制了投资效率；政治关联与产业政策在投资水平上具有替代效应，在投资效率上具有互补效应。

2.1.2　产业政策对融资的影响研究

　　产业政策对融资的影响研究是国内较早进行产业政策微观效应的实证研究。陈冬华等（2010）系统研究了产业政策对融资的影响，自此国内学者从不同角度关注产业政策对融资的影响，积累的成果较多。相关观点普遍认为，在产业政策支持下，企业会获得更加宽松的融资环境，融资门槛降低，鼓励性产业政策能使受支持企业获得更多 IPO 融资额和更多更长期限的银行借款，有效提高了企业的融资水平。马文超和何珍（2017）以中国 A 股上市公司 2006—2015 年的数据为样本，研究产业政策对企业债务融资的影响，结果表明，受产业政策支持的企业具有更高的债务水平。连立帅等（2015）以中国 A 股上市公司 2003—2013 年的数据为样本，研究发现，产业政策的创新激励能够引导信贷资源配置至高研发投入企业，受产业政策鼓励的高成长性企业获得了更多的长期信贷融资。车嘉丽和薛瑞（2017）研究发现，产业政策的扶持有利于发挥资源效应和信息效应，能有效缓解企业的融资约束程度，并且对融资约束的缓解效应在民营企业或市场化程度较低的地区企业中更为明显。但张新民等（2017）的研究却发现，地方性产业政策加剧了本地企业的融资约束程度，并且在民营企业、金融市场程度较低省份以及不具有政治关联的企业中，这种影响更为显著。刘若鸿和黄玖立（2023）研究发现，地方产业政策显著降低了企业债券发行利差，受地方政府"五年规划"鼓励的行业能以较低的成本进行债券融资，政府支持、信用增进、信号传递、隐性担保和流动性风险等是地方产业政策作用于企业债券融资成本的重要作用机制。

　　产业政策会缓解受支持企业的融资约束，那不受产业政策支持的企业如何应对产业政策劣势问题呢？祝继高等（2015）研究发现，产业政策是影响企业建立银企关联的重要因素，不受产业政策支持的企业更有动机建立银企关联，通过银企关联获得更多更长期限的银行贷款，以此缓解产业政策对长期债务融资的抑制作用。杨兴全和任小毅（2019）研究表明，没有受到产业政策支持的行业并未享有税收补贴和信贷资金等一系列优惠便利，面临较严重的融资约束问题，企业采取多元化经营战略可以显著缓解融资约束，并且这种缓解作用在民营企业和金融发展水平较低地区、公司治理水平较高的企业中更加显著。此外，杨玉龙和汪峰（2020）考察了去杠杆政策与产业政策在企业债务融资方面的潜在冲突，研究表明，去杠杆政策降低了企业金融债务的比重且增加了企业经营性债务的比重，而产业政策增加了企业金融债务的比重且降低了企业经营性债务的比重，在去杠杆政策实施期间，产业政策的债务融资效应减弱。

2.1.3 产业政策对企业创新的影响研究

既有文献从研发投资、创新绩效和创新效率等方面深入研究了产业政策对企业创新的影响。

在研发投资方面，学者研究发现，产业政策促进企业加大研发投资力度，促进了企业创新。余明桂等（2016）研究发现，中央"五年规划"所涉及的产业政策对企业尤其是民营企业的技术创新有显著正向影响，并且产业政策的扶持力度越大，对技术创新的促进效应越强；在作用机制方面，他们发现，产业政策主要通过信贷、税收、政府补贴和市场竞争等机制促进了企业创新。谭劲松等（2017）研究表明，产业政策显著提高了受扶持企业的研发投资规模，当受扶持企业中技术人员比例越高或经营风险越大时，产业政策对研发投资规模的促进效应越显著。王海和许冠南（2017）以战略性新兴产业为研究对象，利用政策文本分析研究产业政策和创新的关系，发现供给型和环境型产业政策的协同更能发挥对创新的正向激励作用，但是这种政策协同的正向促进作用会受到地方官员更换的抑制。杨蓉等（2018）从融资约束和融资来源两个角度对产业政策与制造业企业创新投资的影响机制进行研究，结果表明，产业政策对制造业企业创新投资具有显著的促进作用，对企业融资约束问题也具有明显的缓解作用。刘和旺等（2023）研究发现，"扶持性"和"门槛性"两种类型的新能源汽车产业政策都对企业技术创新存在激励作用；"扶持性"政策通过加大研发强度等资源补偿效应发挥激励作用，而"门槛性"政策通过适度的市场竞争发挥激励作用。

在创新绩效方面，既有文献研究呈现积极效应观和消极效应观两种结果，积极效应观认为产业政策促进了受支持企业的创新产出，提高了创新绩效。Czarnitzki 等（2011）通过考察 1997—1999 年联邦和省级研发（Research and Development，R&D）税收抵免计划对加拿大制造业公司创新活动的影响，发现税收抵免可以带来额外的创新产出，导致企业新产品数量、新产品的销量或创新创意的数量增加。Kasahara 等（2014）发现，R&D 税收抵免对企业 R&D 支出的影响在日本公司也存在同样的积极效应，并且对负债严重企业的积极效应更加突出。陈文俊等（2020）以 2007—2014 年沪深两市生物医药行业上市公司为样本，实证分析了战略性新兴产业政策对创新绩效的影响，研究表明，企业的创新绩效受到新兴产业政策的显著正向影响，机制分析发现信贷机制对企业的创新绩效具有正向的显著影响，而补贴和税收机制则没有显著影响。李静等（2023）研究发现，产业政策组合对中国孵化器企业的创新绩效有显著的正向影响，财政投资与政府补贴和税收优惠这三项政策加持才能对创新产出发挥最大作用。Zhu 等（2022）以 2011—2020 年中国重污染行业上市公司为样本，研究绿色产业政策对绿色创新的影响，研究发现绿色产业政策通过政府补贴和银行贷款的中介作用促进企业绿色创新。Yuan 等（2023）分析了产业政策支持对中国装备制造业技术创新的促进作用，研究发现，需求拉动政策促进了流程创新，供给推动政策促进了产品创新，但需求拉动政策对流程创新存在一定的时滞效应。

在创新效率和创新能力方面，曹平和王桂军（2018）从"五年规划"的角度分析了选择性产业政策对企业创新能力的影响，研究发现，选择性产业政策通过税收优惠、市场准入机制和政府补贴等机制显著提高了企业创新能力，其中在民营企业中这三种机制均有效，而在国有企业中仅有前两种机制发挥作用。冯飞鹏（2018）考察了产业政策和信贷配置对企业创新产出效率的影响，结果表明，受产业政策支持企业的专利产出显著增加：当外部信贷可得性较低时，产业政策诱导促进了专利产出的增加；当外部信贷可得性较高时，产业政策诱导的效果较弱（或呈倒 U 形关系），其中信贷配置对产业政策与专利产出的调节作用是由财政支持和信贷配置的替代效应引起的。张婷婷等（2019）基于省级产业政策的角度研究了地方产业政策对企业创新效率的影响，结果表明，地方产业政策对企业创新效率具有显著的正向效应，受产业政策支持企业的专利申请总量明显提高；其中区域人力资源密度对产业政策与企业创新效率的关系有显著的调节作用，具体表现为，企业所在地区的大学越多，产业政策对该地区企业创新效率的影响越大，进一步研究发现，这一效应的作用机制主要是产业政策的实施降低了企业创新活动对内部资金的依赖性，扩大了企业创新活动的融资渠道，激励企业加大研发投入，最终提高了企业的创新效率。Wang 等（2022）研究发现，不同类别的中国风电产业政策及其组合有利于促进企业创新质量的提高。武力超等（2023）研究发现，新能源车产业政策显著促进了企业技术创新，且高强度的供给导向型产业政策的促进作用更大。

但是也有研究发现，企业在产业政策支持下的创新呈现出重量不重质、为了政策投机而创新的状况，并且对创新效率具有负面影响。黎文靖和郑曼妮（2016）发现，选择性产业政策虽然显著增加被激励企业非发明专利的数量，却没有增加发明专利的数量，企业存在为获得政府补贴和税收优惠而进行策略性创新的动机，产业政策不能显著提升企业的实质性创新。孟庆玺等（2016）研究发现，产业政策对企业研发强度具有促进作用，且该促进作用呈现先强后弱的动态变化趋势，相比于产业政策的"竞争效应"，政府补贴和税收优惠等"资源效应"是实现上述促进作用的有效机制；然而进一步研究发现，资源依赖下的产业政策对被扶持企业的创新效率有消极影响，并且"特惠型"的资源分配方式比"普惠型"的资源分配方式更严重地降低被扶持企业的创新效率。晏艳阳和王娟（2018）的研究进一步提供了产业政策阻碍受支持企业创新效率的经验证据，研究发现，这种负向影响产生的主要原因是产业政策为企业提供了寻租的机会。邢会等（2019）发现，产业政策的调整方向对企业创新存在影响，战略性新兴产业供给面和需求面政策有助于促进企业实质性创新，而环境面政策则诱导企业迎合性创新。林志帆等（2022）研究发现，产业政策的实践形式影响企业创新策略选择，以研发补贴衡量的选择性产业政策会诱使企业"短平快"非发明专利的激增，而以教育、科技、交通和公共安全支出表征的功能性产业政策则显著激励高创新价值发明专利的增多。

2.1.4　产业政策其他方面的微观效应研究

产业政策对微观企业的影响是多方面的，国内外学者还从产业政策对企业的风险承担水平、全要素生产率、股价等方面进行了探索性研究。

关于产业政策对企业风险承担水平影响的研究，张娆等（2019）研究表明，受产业政策支持企业具有更高的风险承担水平，机制研究发现产业政策主要通过政府补贴和信贷支持两种机制对企业风险承担产生影响；在没有政治关联的民营企业以及在市场配置资源程度较低地区的企业中，产业政策支持对提高企业风险承担水平的影响更为显著。吴倩等（2019）从企业生命周期的角度考察了产业政策对企业风险承担水平的影响，发现产业政策支持对企业风险承担水平的提高效应在企业成长期和衰退期较为显著，而在企业成熟期则并不明显，机制分析发现产业政策激励可通过税收优惠、政府补贴及信贷支持三个途径丰富企业的可支配资源，提高企业的风险承担水平。

关于产业政策对企业全要素生产率影响的研究，张莉等（2019）研究表明，政府主导重点实施的产业政策对企业全要素生产率的提高具有显著的抑制作用，在劳动密集型和资本密集型产业，重点产业政策对企业全要素生产率的负面作用更为显著；并且市场中淘汰机制越完善，要素市场扭曲程度越得到改善，越利于减轻这种负面作用。于明超和谭阳（2023）将经济开发区的设立作为产业政策，研究其对全要素生产率的影响，研究发现，主导产业政策通过"政策效应"和"集聚效应"增加了开发区内企业的竞争优势，提升了区内企业的全要素生产率水平。

关于产业政策对企业股价影响的研究，Ferguson 和 Lam（2016）发现，企业股价对与所处行业相关的政策事件有显著反应，股票收益率和波动率与政府政策不确定性呈正相关关系。王超恩（2016）发现，产业政策极易成为企业寻租的工具，这会导致产业政策效果受到抑制，上市公司获得的政府补贴越多，其股价崩盘风险越高。陈冬华和姚振晔（2018）发现，产业政策的实施使受产业政策重点支持的企业股价同步性明显下降，这一效应在分析师数量多、机构投资者数量多、媒体报道数量多的公司更为显著。陈艳莹等（2022）以绿色工厂评定政策为研究对象，研究了绿色产业政策的股价效应及其内在机制，研究发现，绿色工厂评定政策具有显著的股价提升效应，并且这种效应在小规模企业更显著，机制分析显示这一提升作用源于投资者所能得到的现金补贴、政企关系改善等政府收益的高预期，进一步分析发现，绿色工厂评定政策显著降低了获评企业竞争对手的股价，倒逼未获评企业绿色转型。

2.2 ——————并购影响因素的相关研究——————

2.2.1 企业外部因素对并购影响的相关研究

1）经济政策不确定性对企业并购的影响

外部经济政策是企业面临的重要外部制度因素，国内外众多学者研究了外部经济政策的不确定性对企业并购的影响，但是并未取得一致观点。

消极观点认为，经济政策的不确定性对企业并购产生了负面影响。Rodrik（1991）基于对不确定性条件下的企业跨国投资决策模型的构建，发现宏观经济政策的不确定性会对境外投资者的投资决策产生不利影响。Bhagwat等（2016）认为，由于经济政策的不确定性因素导致市场波动幅度增大，使得并购交易行为减少，并且当并购交易时间越长时，宏观经济政策的不确定性对标的公司价值的负向影响越大。Bonaime等（2018）研究发现，宏观经济政策的不确定性导致企业的并购意愿降低，并购行为减少。佟岩等（2021）研究发现，中国经济政策的不确定性与并购长期的市场反应之间存在显著的负向关系，经济政策的不确定性通过降低并购双方签订业绩承诺的概率，从而对长期市场反应产生不利影响。王疆和张达炜（2020）认为，在金融环境不确定的情况下，企业会相互模仿以规避风险，东道国经济政策的不确定性对并购企业的规模化和多元化具有明显的抑制作用，投资的不可逆水平将加强经济政策不确定性对企业跨国投资的抑制作用，而投资机会的增加则会削弱这种抑制作用。尹达和綦建红（2020）基于中国企业跨境并购的微观样本，应用BBD指数进一步对经济政策的不确定性与企业跨境并购的关系进行了研究，结果表明，全球经济政策的不确定性会显著降低中国企业跨境并购的成功率和并购规模，经济政策的不确定性对跨境并购的影响关键机制在于资产的可逆性。

积极观点认为，经济政策的不确定性使企业并购行为更加谨慎，对企业并购结果产生了积极的正面影响。贾玉成和张诚（2018）研究发现，经济政策不确定性对跨境并购产生了积极的影响，并且这种积极影响在国有企业中更加显著。潘文泳和朱小明（2023）研究发现，经济政策不确定性的上升使企业并购数量增加，在经济政策不确定性较高的情况下，那些处境相对不利的企业被迫寻求并购途径，以便优化其经营环境并提升绩效。Nam 和 Hieu（2017）研究表明，经济政策越不确定，并购交易完成时间越长，购买方越倾向采用股票支付，并购溢价更低，从而更有利于并购价值的创造。蓝发钦和蔡娜婷（2019）研究发现，经济政策的不确定性有助于企业并购规模的扩大。

2）产业政策对企业并购的影响

随着宏观经济政策与微观企业行为交叉研究的发展，产业政策对并购的影响逐渐引起学者们的研究兴趣。蔡庆丰和田霖（2019）研究了产业政策对跨行业并购的影响，实证分析发现，与未受到产业政策支持的企业相比，并购方更倾向于收购受产业政策支持行业的企业，并且当并购方本身所在行业并未受到产业政策支持时，这一倾向更为明显，进一步研究发现，产业政策的这种影响可能是由于企业跨行业并购行为的目的是"政策套利"。钟宁桦等（2019）以中国企业的境外并购为研究对象，考察产业政策对中国企业境外并购的影响，结果发现，我国"五年规划"对受产业政策支持企业的跨境并购具有负向影响，受产业政策支持企业更易受到东道国的阻碍而产生更高的并购溢价和更低的并购完成率。邱金龙等（2020）以衰退期的企业为研究对象，实证检验了产业政策对衰退期企业并购的影响，结果表明，处于衰退期的企业更倾向于并购受产业政策支持的企业，并且当处于衰退期的企业所在行业不受产业政策支持时，这种倾向更显著，产业政策对衰退期企业并购的影响有利于提高并购绩效。

3）地理因素对企业并购的影响

现有研究关于地理因素对企业并购的影响，主要聚焦于地理距离对跨境并购成本的影响，认为企业跨境并购的交易成本在一定程度上会因地理距离的增加而上涨。因此，中国企业更加倾向于并购拥有高交通运输能力国家的企业（杨波和周丽萍，2020）。冯正强和荆梦（2021）发现，地理距离的增加有助于企业通过跨境并购获得矿产资源，并且距离越大并购越易成功。张娟等（2017）发现，当地理距离增加到一定的程度时，完全控股成为跨境并购的主要控股方式，随着地理距离的增加，企业为了避免风险，增加并购后整合成功的概率，大多会选择对目标企业完全控股。除了地理距离，Brodmann 等（2021）发现，地域战略还包括"市场内部"、"部分重叠"和"市场扩张"收购，虽然市场最初对"扩大市场"的收购反应更有利，但在这些收购中，收购方的长期股价表现最低，总回报波动性和特殊风险增幅最大。

4）文化因素对企业并购的影响

文化差异是影响企业海外并购的重要因素，国内外众多学者针对文化距离与跨境并购进行了大量相关研究。张艾莲等（2018）利用 Hofstede 的六维度文化理论指标度量文化距离，发现个人主义维度对跨境并购绩效具有显著的负向影响，权力距离维度对跨境并购绩效具有显著的正向影响。王宛秋和吴文玲（2015）发现，企业成熟度、控制程度和种群密度等因素可以弱化文化距离对跨境并购绩效的负向影响。左志刚和杨帆（2021）将文化距离推进到文化特质层面，发现东道国的文化宽容度通过对企业跨境并购的"合法性"劣势水平产生作用进而影响并购风险，宽容度越低，并购失败率越高。为了进一步深入探究文化因素的影响机制，部分研究引入中介变量和调节变量进行分析。刘璐等（2019）发现，文化距离主要是通过影响母公司吸收能力而间接影响跨境并购绩效。刘敏等（2020）指出，双边政治关系的建立有利于提高跨境并购的成功率，并建议我国可以通过在东道国成立孔子学院或签订双边投资协定来建立双边政治关系。陈岩和郭文博（2018）指出，良好的双边外交关系可以弱化东道国制度风险对跨境并购的负面影响。

2.2.2　企业内部因素对并购影响的相关研究

1）公司治理对企业并购的影响

国内外学者普遍认为，公司治理水平越高，越有利于企业并购行为。Masulis 等（2007）研究了公司治理质量对并购绩效的影响，研究发现，受到更多反收购条款保护公司的管理层，较少受到市场对公司控制权的约束，公司治理质量较差，因此更有可能进行损害股东价值的收购，导致公告期超额股票收益显著降低，不利于产生并购绩效。Wang 和 Xie（2009）认为，当主并企业的公司治理水平比目标企业越高时，并购后双方所创造的协同效应越高。郭冰等（2011）认为，公司治理会显著影响企业并购决策，CEO 和董事长两职合一会加大企业并购发生概率，董事会独立强度与企业并购概率显著负相关，并且公司治理机制会通过强化经验学习的效果来影响企业并购决策。张自巧（2014）研究发现，公司治理质量越高的企业，其内源融资能力与并购绩效之间的正向关系越显著。孙轻宇等（2022）研究发现，对于家族企业来说，控制权与现金流权分离程度越高，家族企业跨国并购的可能性越大，在两权分离的条件下，家族企业实施跨国并购后，控股股东的非经营性资金占用现象更加严重。

2）管理层特征对企业并购的影响

管理层特征对企业并购的影响是并购研究的重点。Grinstein 和 Hribar（2004）对完成并购交易的企业高管薪酬进行研究后发现，高管权力越大，并购完成后获得的奖金越高，但是薪酬奖金金额却与并购绩效无显著关系，研究验证了管理者为构建"商业帝国"增加薪酬而并购的动机。李维安和陈钢（2015）研究了高管持股对并购绩效的影响，研究发现，相比短期并购绩效而言，高管持股对长期并购绩效的影响较为明显，呈非线性关系，高管持股对并购绩效的作用需要一段时间才能显现。Liu 和 Chen（2017）研究发现，管理层过度自信会显著提高并购溢价，而政治关联会减弱高管过度自信对并购溢价的影响。潘爱玲等（2018）得出了相同的结论，过度自信的管理者由于其心理偏差会高估并购收益、低估并购风险，形成更高的并购溢价，这种正向关系在民营企业中更加明显，且并购企业债务容量越大，其管理层过度自信对并购溢价的正向影响越大。曾春影等

（2019）认为，CEO的知青经历会对其心理特质产生持续的影响，使其产生过度自信，这种心理偏差在并购决策中体现为支付更高的并购溢价，进一步研究发现，当CEO受教育水平越低、所在企业绩效越高、环境不确定性越大时，CEO的知青经历对并购溢价的正向影响越强。张继德和张家轩（2022）发现，高管在海外积累的经验有助于促使所在企业更倾向于进行跨国并购。这种行为并非仅仅因为高管个人利益，更多的是出于改善企业绩效的利他动机。周绍妮等（2019）研究发现，权力较大的高管出于权力寻租等原因更有可能进行大规模并购，而这种不以企业利益最大化为出发点的并购往往表现出较差的绩效。此外，李善民和周珏廷（2022）还发现，有金融背景的高管通过降低融资约束和提高风险承担显著提高了公司发起并购的可能性，同时有金融背景的高管的并购绩效更好。

3）高管团队异质性对企业并购的影响

随着高层梯队理论的兴起，高管团队异质性对企业并购的影响研究逐渐引起学者们的兴趣，现有研究主要从高管团队性别和任期等方面研究了其对并购的影响。Parola等（2015）考察了性别异质性对并购绩效的"双刃剑"效应，研究结果显示，高管团队性别异质性阻碍了并购后绩效的提升，并购经验可以克服性别多样性对并购后绩效的负面影响。Barkema和Shvyrkov（2007）以荷兰跨国公司1966—1998年的跨国并购数据为研究样本，研究发现，高管团队的任期异质性有助于选择更具有创新性的跨国并购，两者之间呈现显著正相关关系。张诚和赵剑波（2012）以2001—2010年我国沪深上市公司海外股权并购的数据为样本，对高管团队异质性和海外股权并购的关系进行研究，结果发现，年龄异质性对并购的影响在民营企业中表现突出，任期和职务异质性对并购的影响在国有企业中表现突出。王宛秋和王雪晴（2019）聚焦于董事长、总经理任职经验异质性对技术并购规模的影响，研究发现，董事长、总经理任职经验异质性和技术并购规模之间呈正相关关系，这种正向的促进作用会受到总经理技术敏感性的正向调节，而在董事长与总经理默契程度越高时，这种正向调节作用越强。

4）融资约束对企业并购的影响

融资约束是影响企业跨境并购行为的重要因素。闵剑和刘忆（2019）

研究发现，融资约束对制造业跨境并购绩效的影响存在门槛效应，适度的融资约束对于提高企业跨境并购绩效有明显的促进作用，随着融资约束的缓解，越过门槛值之后，较小的融资约束会抑制跨境并购绩效。朱佳青和李广众（2019）发现，汇率跳跃风险可通过信贷约束渠道实现对企业跨境并购的抑制作用。从竞争对手融资约束视角来看，潘红波和杨海霞（2022）发现，企业在自身融资较宽松、资产规模较大、产权国有的情况下，竞争对手的融资限制会更显著地推动企业进行并购行为。

5）技术因素对企业并购的影响

随着科学技术的不断发展，技术因素对跨境并购的影响越来越受到学者们的关注。在中国企业的创新活动中，寻求技术资源的跨国并购能够促进企业创新效率的提升（喻春娇和庄笑语，2023）。赵黎明和陈妍庆（2019）认为，从企业内部角度来看，企业知识基础、专利能力、研发投入明显提升了跨境并购技术创新绩效。并购方创新存量特征对其提升跨境并购技术创新能力具有积极影响。从并购双方角度来看，并购双方技术互补性正向调节企业基础知识、专利能力、研发投入与跨境并购技术创新绩效之间的关系，并购双方的技术互补性特征对并购方跨境并购创新绩效的提高起着显著的作用。

6）企业规模对企业并购的影响

关于企业规模对跨国并购的影响，学者们持有不同的观点。有学者认为，企业规模与跨国并购的发生频率和成功率之间存在显著的正相关性，企业规模越大，并购后的绩效水平越高（胡若痴和皇甫凌燕，2014）。相对于规模较小的企业，大规模企业从并购中取得的收益较差（Gleason 等，2005；Faccio，2006）。规模较小的并购方（Ekkayokkaya 等，2009）或者中小规模企业（Kohli 和 Mann，2012）往往能够在并购中取得收益。但也有学者认为，大规模企业并购成本较低，更有可能进行并购，能获得更多的经济效益（Popli 和 Sinha，2014）。

7）并购经验对企业并购的影响

由于企业跨国并购情境复杂且差异性较高，关于并购经验如何影响跨国并购一直是学术界争论的焦点。贾镜渝等（2015）认为，跨国并购经验与跨国并购成功率呈正 U 形关系：在跨国并购经验缺少的阶段，经验会抑制并购成功率，当经验积累到一定程度之后，经验才能提高成功率。张娟和史喆（2019）认为，并购经验在并购前期的影响更为显著。谢洪明等（2018）等研究发现，海外并购经验能减少文化距离对海外投资规模绩效的负面影响，但随着并购规模的加大，这种效应会减弱，只有在非全资收购的情况下，企业拥有跨国并购经验才具有重要作用。张志平等（2022）研究发现，连锁机构投资者的并购经验，可为企业并购决策提供依据，降低并购交易风险，提高并购整合效率，有利于创造更高的并购价值。杨沐纯等（2023）认为，境内并购与跨境并购之间存在一种替代关系，从失败的境内并购中汲取的经验比成功经验更可能鼓励企业选择跨境并购。

2.2.3 并购交易特征对并购的影响

不同的并购交易特征对并购的影响存在差异，现有文献主要从股权收购比例、并购规模、交易支付方式等方面进行了相关研究。

1）股权收购比例对并购的影响

股权收购比例指收购方通过并购方式获得被投资企业的股权比例，现有研究发现，股权收购比例影响跨境并购。吴先明和纪玉惠（2016）发现，股权收购比例与海外并购绩效显著负相关，主并企业在一些国家进行跨国并购的股权占比越高，越有可能受到东道国政府的管制，从而不利于收购方企业在当地的经营。但也有研究发现相反的结论，谢洪明等（2018）以2001—2014年广东省和浙江省共计56起跨国并购事件为样本，研究发现，股权收购比例与跨国并购绩效显著正相关，即股权收购比例越大，越有利于企业的跨境并购整合决策。

2）并购规模对并购的影响

关于并购规模对跨境并购的影响也有积极和消极两种不同的观点。积极观认为，跨国并购的规模越大，越能获得规模经济效应。朱勤和刘垚（2013）选取了2000—2008年我国的跨国并购事件进行研究，发现交易规模与跨国并购绩效之间显著正相关，他们认为，有能力进行更大交易规模的企业，其经营能力更能提高跨国并购的绩效。但吴先明和纪玉惠（2016）发现，并购规模越大，越不利于收购方进行整合决策，增加了整合难度，导致跨国并购的绩效降低。

3）交易支付方式对并购的影响

跨境并购的支付方式主要有现金支付和股票支付两种。余鹏翼和王满四（2014）研究发现，现金支付与跨国并购绩效显著正相关，用现金支付比股票支付形式能获得更高的并购绩效。Bugeja 等（2021）发现，采用现金融资方式时，知情交易概率较高的收购方和目标方均获得较高的回报。但董莉军（2017）选用了 2000—2015 年的 804 起并购事件为样本进行研究，结果发现，现金支付不利于跨国并购的成功，而股权收购的比例与跨国并购的成功率正相关，即采取股权支付的方式能增加并购成功的可能性。朱孟楠和徐云娇（2022）研究发现，上市公司在进行并购时往往使用内部现金支付，而使用外汇衍生品会减少公司持有的预防性现金，进而降低公司发起并购的可能性。朱冰和杨晓彤（2022）研究表明，相较于现金支付，当并购交易中含有股票支付时，更有可能兑现业绩承诺，并且更有可能在承诺期内进行盈余管理。

2.3 ——并购目标公司选择影响因素的相关研究——

1）信息不对称影响研究

并购双方的信息不对称是影响并购目标公司选择的重要因素。Bruner（2004）研究发现，并购双方的信息不对称可能给公司带来高昂的信息搜寻成本。Chae 等（2014）研究发现，信息不对称是新兴市场并购决策的重要决定因素，尽量避免不合适或者劣质并购目标损害公司价值。Sleptsov 等（2013）研究了并购公司与并购中介机构的关系特征对公司获取并购相关信息的影响，研究发现，主并公司通过增强并购中介机构能力和意愿的关系配置以降低信息不对称，识别出具有潜在协同效应的目标公司，促进并购绩效的提升。Cai 等（2016）研究发现，并购方制定并购战略时，会偏好于向会计师事务所打探与自身相匹配的潜在并购目标，并试图获取潜在并购目标的额外信息，以提高并购质量。Betton 等（2009）认为，在企业收购中通常存在大量控制权溢价，因此往往在并购前从市场上收购目标公司股票，从而降低信息不对称的负面影响，尽量减少收购过程中的不确定性。Dhaliwal 等（2016）研究了收购方和目标方共享审计师对并购结果的影响，研究发现，与主并公司存在共享审计关系的公司更容易成为并购目标，从而使管理者能够更有效地配置资本，有利于提升并购绩效。蔡春等（2022）研究发现，企业与标的公司共享审计师有助于抑制并购溢价，当标的公司年报可读性和分析师预测准确性较差时，共享审计师抑制并购溢价的效果更显著。

随着研究的深入，部分学者发现董事联结关系的信息传递功能在并购方确定目标公司的决策过程中发挥着重要作用。Cai 和 Sevilir（2012）发现，董事联结关系在并购双方管理层之间构建了信息传递通道，使并购方占据信息优势，有助于降低并购方的搜寻、谈判成本，从而产生更大的协同效应。陈仕华等（2013）研究发现，当并购双方存在董事联结关系时，并购方获得的长期并购绩效会相对较好，他们进一步分析表明，当董事联结关系是由内部董事形成时，以及当并购双方地处不同区域时，董事联结关系更显著地促进长期并购绩效的提升。特别地，董事联结关系对并购绩效的正向作用需要在并购后一段时间之后才得以体现。韩洁等（2014）研究发现，与并购方存在连锁董事关系的公司更可能成为并购的目标公司，而且当并购双方处于不同行业和不同地域时，这种关系表现得更为显著。

2）战略选择影响研究

企业战略选择是影响并购目标公司选择的重要因素。张丽英（2014）研究发现，企业基于战略来选择并购目标可以从根本上保证目标企业与自己的战略匹配。郭建鸾等（2013）以中资银行的海外并购为例，研究发现，并购目标公司的选择通常基于主并公司的既定战略和现实动因。陶瑞和张秋月（2011）认为，目标公司的选择需要与主并公司战略相匹配，通过对并购匹配内涵的界定，将目标企业的选择分为战略运营匹配和组织管理匹配两个阶段。高翀和石昕（2022）研究了企业竞争战略对并购类型和并购目标公司选择的影响，发现执行差异化战略的企业更可能进行高溢价并购和异地并购。国外研究则重视管理风格和激励制度、组织文化相容原则等方面的战略匹配性。Datta（1991）以美国制造业的 173 宗收购为基础，研究了并购双方的组织差异对并购绩效的影响，结果发现，管理风格的差异对并购绩效具有负面影响，激励制度的差异与并购绩效之间没有直接影响。Cartwright 和 Cooper（1995）认为，并购协同效应的产生与人员及其组织文化的整合密切相关，企业组织文化的整合在并购成功的过程中发挥了关键作用。

3）目标公司特征影响研究

现有文献认为目标公司的某些特征可能为并购带来协同效应（Asquith 和 Rock，2011）。Sorensen（2000）对 20 世纪 90 年代并购事件中目标企业的特征进行了分析，研究发现，流动性好的公司更可能成为目标公司。Cornaggia 和 Li（2019）研究发现，更容易获得银行融资的企业更可能成为目标公司，对于在获得银行贷款方面存在较大困难的主并方和具有较大增长机会的主并方来说，此类目标公司具有更为显著的吸引力。蒋冠宏和彭勇（2023）以 1999—2013 年的中国工业企业为样本进行实证检验，研究发现，拥有优质资源、生产率较高和出口网络丰富的中国企业，更可能成为外商企业并购的目标企业，尤其当企业受到生产率负向冲击时更有可能成为外商企业的并购选择目标。

4）制度环境影响研究

制度环境因素对企业并购目标公司选择产生的影响不容忽视（Andrade 等，2001）。Asquith 和 Rock（2011）研究发现，海外企业对美国本土企业跨国并购的重要原因之一是通过并购获得权益融资优势。具体到国内，李彬等（2015）从我国差异性税收优惠的视角出发，发现税收政策作为制度性外生变量，已成为影响公司并购战略与决策的重要因素，税收政策在公司并购中的诱导现象确实存在，但其诱导效应却呈显著差异性。蔡庆丰和田霖（2019）研究表明，主并企业更可能对受到产业政策支持的目标企业发起跨行业并购，并且国有企业更可能发起与产业政策导向一致的跨行业并购。邢斐等（2023）研究了经济政策的不确定性对企业技术型并购的影响，研究发现，经济政策不确定性增加了企业技术型并购的倾向；当经济政策不确定性上升时，受到影响的主并方更愿意收购创新产出更多的目标公司。

2.4 ————————文献述评————————

总体来看，产业与并购因素之间关系的研究已引起学术界关注，现有文献从产业生命周期、产业结构效应等角度进行了积极的探索。但是具体到产业政策，现有文献虽然开始从微观角度研究产业政策效果，但缺乏基于并购视角的研究。此外，随着高层梯队理论30多年的发展，在战略决策和组织绩效方面积累了大量高层梯队理论应用的文献，这些文献为本书的研究提供了重要的理论基础，但仍亟待解决如下四个问题：

（1）产业政策会产生哪些并购效应？通过对产业政策实施微观效果的相关研究文献进行梳理可以发现，产业政策支持一方面可以为企业带来更多的成长资源和空间，通过对企业给予税费减免、政府补贴、信贷支持、土地划拨等政策优惠，可以增强企业的竞争优势；但另一方面资源的过分集中又容易引发行业内的寻租活动，导致过度投资，投资效率低下，降低公司的绩效。目前来看，关于产业政策的作用效果尚未达成一致，因此继续研究产业政策的作用效果具有理论意义和现实意义。另外，虽然近些年已有学者研究产业政策和微观企业经济行为的问题，然而这些对微观企业经济行为的研究大多集中于企业创新、投融资活动以及企业投资效率等方面，现有的关于产业政策和企业并购行为关系的研究却十分匮乏，且仅有的文献的研究对象也主要是被并购方是否受产业政策支持，以此来研究企业的"政策套利"行为。目前尤其缺乏产业政策对企业并购类型选择和并购绩效的影响研究，因此，本书基于并购视角对产业政策微观效应的研究是必要的。

（2）高管团队作为调节变量，会对产业政策的并购效应产生何种影响？高层梯队理论、行为经济学理论等关注高管的人口学特征和心理学特征对企业战略决策行为的影响，重视从高管的教育背景、任职期限、履职经历、性别、自信度等方面展开相关研究。本书认为，企业并购是高管团队共同决策的结果，所以相较于管理层而言，更需要关注高管团队的影响。高层梯队理论认为，高管团队异质性特征是反映高管团队特征的重要表征变量。高管团队异质性研究主要聚焦于企业绩效、战略决策和经营行为等方面，但是影响效果如何并未取得一致结论。究其原因，一是学者们对高管团队的定义不同，研究时选择高管团队的范围不一样；二是学者们对于高管团队异质性特征的衡量是从各种维度展开的，有的仅从人口特征（如年龄、性别等）探讨，有的从社会关系特征（如教育经历等）探讨，还有的学者专门针对高管的职业背景进行探讨，很少从全方位探索高管团队异质性特征的影响，并且忽略了异质性特征组合的影响；三是学者们选取的企业样本不同，比如制造业和非制造业企业以及不同省市企业的选择等；四是忽略了高管团队成员的心理因素（如个性、认知、价值观等）和情境因素（如公司特征、竞争环境和激励机制等）对组织行为的影响。由此可见，有关高管团队异质性对企业影响方面的研究还没有确定的结论，因此还需要进一步丰富和拓展高管团队异质性的研究。高管团队在并购决策过程中，如何解读和应用产业政策？高管团队异质性最终会导致产业政策的并购效应有哪些差异？这些问题的深入研究也可能是揭示产业政策微观化"黑箱"的关键要素。因此，本书考察高管团队异质性对产业政策与企业并购之间的关系产生了何种影响是十分必要的。

（3）企业并购决策时如何考虑产业政策的影响？结合现有的文献来看，国内外学者关于并购动因及影响因素的研究主要包括高管、股东等微观层面和经济、技术冲击等宏观层面。由于中国上市公司大部分是国有企业经过改制而来，代理问题严重、大股东侵占小股东利益和公司内部人控制现象并存。在中国特殊的制度环境下，企业并购和重组有其特有的动机，有学者分析了政治关联、政治晋升等动因，但是适合中国的并购动因理论还需进一步补充完善。目前，研究文献虽然已经关注产业对并购的影响效应，但仍局限于产业生命周期、产业 TobinQ 值等产业特征的研究，并未真正涉及国家产业政策的影响，所以产业政策与微观企业并购决策之间的关系仍然是"黑箱"。因此，探索产业政策如何影响并购决策既是拓展产业政策微观效应研究的关键一环，也是丰富并购影响因素研究的重要内容。

（4）企业并购目标公司选择决策时如何考虑产业政策的影响？既有研究主要从微观视角研究影响企业并购目标公司选择的因素，从宏观视角研究产业政策对产业结构升级调整的效应，这种研究割裂了微观主体行为与宏观政策之间的作用机制，产业政策与微观并购决策之间的关系仍然是"黑箱"，导致并购市场充斥着"政策市"的说法，所以迫切需要从产业政策的宏观视角研究其对企业并购目标公司选择的影响，并需要研究在这种作用路径下产业政策的效果。

综上，本书拟在以上几个方面做一些有益的探索，尝试在中国情境下，结合中国公司高管的特殊性和产业政策的复杂性，以并购决策为切入点，利用理论分析、实证检验和案例研究等方法，考虑高管团队异质性的调节作用，探讨产业政策对并购决策的影响路径，剖析产业政策作用于并购决策和并购效果的内在机理，试图部分揭开产业政策的"黑箱"，为产业政策以及并购决策的理论研究和实践指导提供证据支撑。

第 3 章

理论基础

3.1 ——————————— 概念界定 ———————————

3.1.1 产业政策

产业政策（industrial policy）的概念最早可以追溯到17世纪英国的贸易保护和产业保护政策，其目的是保护本国的贸易和民族产业的发展，之后美国、德国也相继实施了各种保护本国产业的政策。1841年，德国历史学派的代表人物之一李斯特在《政治经济学的国民体系》一书中，比较了各国的经济理论和政策，他认为，各个国家在经济发展的不同时期应当实行不同的政策，不能听任经济自发地实现其转变和增长，要想获得经济持续的增长，必须借助于国家的力量。李斯特的思想对许多国家发展经济的思路产生了深远影响。自从20世纪50年代，日本受益于本国制定的产业政策而实现战后经济高速增长后，各国开始研究制定并执行产业政策，产业政策作为政府干预经济的工具，被世界各国广泛运用。越来越多的学者也开始聚焦于产业政策的相关研究，但对于产业政策的概念界定，并没有统一的标准定义，根据既有研究，产业政策的定义可分为广义和狭义两类。

广义定义认为产业政策是政府针对产业实施的一系列政策的总和。日本经济学家下河边淳和菅家茂在《现代日本经济事典》中，将产业政策定义为："产业政策是国家或政府为实现某种经济和社会目的，以全产业为直接对象，通过对全产业的保护、扶植、调整和完善，积极或消极参与某个产业或企业的生产、营业、交易活动，以及直接或间接干预商品、服务、金融等市场形成和市场机制的政策的总称。"日本学者小宫隆太郎（1988）认为，产业政策既包括政府针对不同产业的资源配置和基础设施建设方面的有关政策，还包括政府在调整"产业内部结构"方面的政策。周叔莲和乔仁义（1990）认为产业政策是国家干预或参与经济的一种形式，是指国家或政府从整个国家产业发展的全局着眼，系统设计的有关产业发展体系的政策总和。江小涓（1996）将产业政策定义为"政府为了实现某种经济和社会目标而制定的有特定产业指向的政策总和"，并将产业政策按内容分为产业结构政策、产业组织政策、产业技术政策、产业区域政策和产业国际竞争力政策。陈瑾玫（2011）将产业政策定义为"一国政府根据产业发展的规律和客观要求，综合运用政策手段，对产业发展进行引导和干预的政策体系"。冯飞鹏（2018）将产业政策定义为在一定时期内，政府为实现产业发展目标而制定的"旨在规划引导社会产业发展方向、保障资源优化配置、保障资金筹集、促进生产率提高和国民财富不断增长的一系列有关产业发展的条例、法令、规则、措施等的总称"。

狭义定义认为产业政策是政府针对特定产业部门实施的导向性和排他性的政策。Rodrik（2009）将产业政策定义为刺激特定经济活动和促进结构变化的政策，认为产业政策具有特定的产业导向，即产业政策有时是专门针对某一类产业或企业的。江飞涛和李晓萍（2010）认为，中国实施的产业政策是具有排他性的选择性产业政策，各级政府会根据所掌握的信息及对行业未来发展的判断与规划，对符合政策条件的行业企业给予税费减免、政府补贴、土地划拨甚至资金扶助等政策优惠，将社会资源更多地配置给选定的受支持行业。蔡庆丰和田霖（2019）认为产业政策通常以目录指导、市场准入、项目核准、供地审批、贷款核准、强制性清理等行政性直接干预措施，以及关税保护、信贷配给、税收优惠、政府补贴等间接引导方式，有意识地将资源向政府支持的产业配置，是政府调整优化产业结构、实现产业结构转型升级、抑制部分产业产能过剩、引导经济平稳快速发展的一种政策工具。

迄今为止，产业政策并没有形成统一的概念，但是一般都认为产业政策是促进产业结构优化的手段，是政府配置资源、推动产业发展的重要途径（张新民等，2017；蔡庆丰和田霖，2019）。因此，本书主要借鉴 Rodrik（2009）、江飞涛和李晓萍（2010）的研究，将产业政策界定为国家制定的具有排他性的选择性产业政策。

3.1.2　并购

并购是现代企业实现迅速扩张的重要方式，它是企业获得其他企业全部或部分业务实际控制权的一种投资行为。并购（mergers and acquisitions，M&A），是企业兼并（mergers）和企业收购（acquisitions）的总称。

兼并和收购在法律上是两种不同的经济行为。《大不列颠百科全书》中将兼并定义为"两个或两个以上独立的公司、企业合并成一个公司，通常是由一个或多个公司被一个占优势的公司吸收合并"。《中华人民共和国公司法》规定："企业合并可以采取吸收合并或者新设合并。"所以，兼并有吸收兼并和新设兼并两种形式。吸收兼并是指一个公司吸收另一个公司（称为目标公司），并将目标公司解散，主并公司继续存在。新设兼并是指两个或两个以上的公司合并后成立一个新公司，成为新的法人实体，原有公司注销。收购是指公司通过购买目标公司的全部或大部分股份，获得对目标公司的控制权（张金鑫，2016），收购行为不会导致收购各方法人资格的变动。

实践中，兼并、合并和收购常常作为同义词一起使用，泛指在市场机制作用下企业被收购的过程，统称并购，因此干春晖（2004）认为"并购"是一个模糊的概念，包括兼并、收购、托管、股份转让、资产置换、借壳、买壳等行为。并购是指一家公司被另一家正在运营的公司纳入其集团，以增加市场份额、进入其他行业或分割处置被收购公司获得经济利益的方式（张新，2003），不仅包括兼并和收购，还包括以控制或施加重大影响的股权或资产购买，而且这种购买并不是以取得被购买方的全部股份或资产为目的，而是以取得能够施加控制或重大影响的部分股权或资产为目的。在我国，通常把并购方称为"买方"或"主并公司"，把被并购方称为"卖方"或"目标公司"。

并购的方式很多，按照不同标准可以分为多种类型：

（1）根据并购双方产品和行业的相关性，并购可分为横向并购、纵向并购和混合并购。横向并购是指当并购公司与目标公司属同一行业，生产经营相同的产品，合并后的资本集中在同一市场领域和同一部门。纵向并购是指在生产过程或经营方式上有联系的企业之间，即生产经营的上下游作为买方和卖方的并购。混合并购是指在不同产业部门经营的公司之间的并购，其产品属于不同的市场，与该产业部门不存在特定的生产关系。

（2）根据并购双方是否属于同一国别，分为跨国并购和境内并购。跨国并购，也称跨境并购，指一国企业为了达到某种目的，通过一定的渠道和支付手段购买另一国企业整体资产或者能使其拥有企业控制权的股份（潘爱玲，2006）。境内并购则是并购双方属于同一国别的并购。

（3）根据并购双方是否友好协商，可将并购分为善意并购和敌意并购。善意并购是指并购公司事先与目标公司进行谈判，取得目标公司的同意，就收购条件进行协商并达成一致，完成收购的一种并购方式。敌意并购是指并购公司不顾目标公司的抵触情绪，强行收购目标公司的股份，或者并购公司事先不与目标公司协商，而是突然直接向目标公司的股东提出的并购。

（4）根据并购支付方式的不同，可分为承债式并购、现金并购和股份并购。

（5）根据被并购公司参与并购的范围，并购可分为全面并购和部分并购。全面并购是指资产和股权的整体转让，是企业的权益体系和资产不可分割的并购方式。部分并购是指将企业的资产和股权分割成若干块，进行交易，实现企业并购。

根据本书的研究目的，本书将并购定义为控制或施加重大影响的股权收购。无论并购采用何种形式，凡是意图取得对其他企业的控制权或实施重大影响，在本书中都称为并购企业或主并公司，被收购的另一方则称为目标企业或目标公司。

3.2 —————————并购动因理论—————————

3.2.1　传统并购动因理论

对于并购行为的动因，理论上可分为传统并购动因理论和并购浪潮理论两类。此外，国内学者基于我国制度背景，研究了我国企业并购的特色动因。传统并购动因理论主要包括协同效应理论、代理理论、市场势力理论、价值低估理论等。

1）协同效应理论

协同效应理论认为企业并购会产生"1+1>2"的协同效应。协同效应体现在当两个企业合并为一个企业后，在管理、经营和财务等方面的效率得到提升。管理协同效应理论认为，主并企业和目标企业在管理效率上的差异是并购活动发生的动因。管理效率高的企业并购管理效率低的企业可以实现"管理溢出"，从而提高劣势企业的价值，达成协同效应（Servaes，1991）。经营协同效应理论认为，规模经济和范围经济可以带来协同效应。规模经济指随着横向并购后生产规模的扩大，生产成本下降，收益增加；范围经济指企业经营范围的扩大，降低了生产经营不同环节间的交易成本（Arrow，1975）。财务协同效应理论认为，有大量内部现金流和少量投资机会的企业与有投资机会但缺乏内部资金的企业进行合并，可能会获得较低的内部资本成本优势（Myers，1984）。

2）代理理论

代理理论认为管理者追求私利是并购的动因之一。关于代理问题如何导致并购活动，学者们持有不同的观点。Mueller（1969）认为，由于委托代理关系的存在，为追求自身利益最大化的动机，管理层有通过并购将企业规模扩大到最优规模以上的欲望，从而一方面提高自身的报酬，另一方面增加公司股东对管理层的依赖程度，增强自身工作的稳定性。Jensen和 Meckling（1976）认为，驱动管理者进行自利性并购的动机有很多，在职消费、权力、职业晋升机会以及更高的声誉等都是驱动管理者进行并购的动因。

3）自负假说

Roll（1986）认为，企业的管理者由于存在盲目乐观和自负的情绪，他们往往认为做出的兼并重组决策是合理的，通过企业并购可以获得超额收益，正是由于管理者的这种"狂妄自大"，可能并不能意识到在并购决策中支付的对价过高，反而认为是合理的，从而使得股东蒙受损失。Roll认为，管理者的自大和过度自信是并购活动发生的动因之一，管理者的自负使之认为企业估值优于市场，并在此基础上试图通过并购活动获取更高的收益。

4）市场势力理论

市场势力理论认为，并购重组可以增强市场势力以获取利益。Comanor（1967）研究发现，企业可以通过纵向并购，兼并产业链上的上下游企业以获得这些企业的控制权，增强市场势力和产业壁垒，使得其他企业很难进入该行业，减小市场竞争压力，从而逐渐达到市场垄断的地位。Eckbo（1983）从横向并购的角度出发，检验了同行业内的横向并购是否存在市场势力。研究发现，通过横向并购，主并企业和目标企业双方可以通过降低产量以提升价格或者压低上游企业要素价格的方式，获取更多的超额收益。Mullin（1995）通过研究美国钢铁企业分拆事件对下游企业产生的影响，发现分拆使得钢铁的产量上升，价格有所下降，如果市场上行业竞争激烈，存在较多势均力敌的竞争对手，那么该行业的企业只能获得比较低的利润水平，因此为了获取更高的收益，行业内的优势企业可以进行兼并重组，在扩大自身规模的同时减少竞争者数量，提升市场势力，增强对产品市场价格的话语权，实现更高的垄断利润。

5）信息理论

信息理论认为，购买方公司的管理者对目标公司价值具有独特的信息优势，当并购的目标公司净现值大于零时，购买方可以从该投资中获利。从信息不对称角度而言，内部管理层更具有信息优势，并购重组可以向外界传递这些信息，如果一家公司被并购，市场上的投资者会认为这家公司还有一些优势信息未被外部人掌握，因此对该公司有较好的预期，推动股价上升，直至达到购买方企业无利可图的股价水平。Dodd 和 Ruback（1977）以及 Bradley（1980）研究发现，不管并购活动成功与否，这种并购行为都会向市场上传递该公司价值被低估的信号，即使目标企业的经营管理未做出任何改进，这种信息也会推动目标企业的股价总体上涨。Bradley 等（1988）的研究结果表明，市场往往会赋予未被成功兼并的目标企业更高的市场估值，同时还发现在公司的要约并购被拒绝后，是否还能成功并购对主并方的股价也会产生一定影响。

6）价值低估理论

价值低估理论认为，市场上很多企业的市场价值不能被准确估值，尤其是其潜在价值更不能进行准确评估，当这些企业价值被低估时，就易成为被并购的目标企业。通常采用托宾比率（市场价值与重置成本之比）和价值比率（市场价值与资产的账面价值之比）来衡量公司价值是否被低估（艾青和向正军，2004）。Weston 等（1998）认为，导致企业价值被低估的原因主要有两个：一是管理者未能充分发挥公司的经营潜力；二是购买方可能通过渠道获取了内幕消息。公司的管理人员是从完全理性的角度做判断，他们基本可以掌握公司的真实价值，也清楚资本市场上股价的偏差，并且会充分利用这些信息来做决策，会根据股票是被高估还是低估做出是否并购的选择，当目标公司的价值被市场低估时，购买方更有动机进行并购（冯根福等，2002）。

7）投机动因理论

投机动因理论认为，在不完全竞争市场上，由于信息不对称，投机动机是产生并购重组活动不可忽视的动机之一（Gort，1969）。公司各股东因信息不对称会对公司股价产生不同的判断和预期。比如，当技术出现较大变化时，公司仅凭掌握的历史信息及现有信息难以对未来做出准确预判，从而出现股价失衡，带来了投机机会，并购活动在股价变动时会增多。

3.2.2　并购浪潮理论

以往学者对并购的大量研究发现，并购活动通常以浪潮形式出现，具有明显的时间聚集和产业聚集特征，并购活动经常集中于特定时间的特定行业，由此产生了并购浪潮理论。并购浪潮理论主要包括行业冲击理论和市场时机理论两种。

行业冲击理论将并购看作是企业应对外部冲击的手段。Mitchell 和 Mulherin（1996）研究了 1982—1989 年 51 个不同行业的并购模式，发现行业内的并购频率与其行业所承受的经济冲击直接相关。Andrade 等（2001）研究发现，放松管制成为 20 世纪 90 年代并购活动的主要原因。Harford（2005）认为，资产流动性也在一定程度上驱动了并购浪潮，经济、监管和技术冲击推动了行业并购聚集，这种冲击是否导致出现一波并购浪潮，取决于整体资本流动性是否充足。

市场时机理论认为市场错误定价导致了并购浪潮。Shleifer 和 Vishny（2003）认为，投资者的非理性和资本市场的非有效性造成股票估值偏离其本身价值，为理性管理者创造了低成本并购的机会。Rhodes-Kropf 和 Viswanathan（2004）得出了同样的研究结论，即对目标企业的错误估值是主并方发起并购的根本原因。

3.2.3　中国特色并购动因研究

由于我国特殊的制度背景，地方政府对企业并购行为具有重要影响。由于地方政府官员自身政策性负担或晋升压力，地方政府会伸出"支持之手"或"掏空之手"对企业的并购行为进行干预（Shleifer 和 Vishny，2003）。政治关联甚至在一定程度上成为法律保护的替代机制以保护企业产权免受政府损害（潘红波等，2008）。李增泉等（2005）研究发现，上市公司对非上市公司的并购行为是地方政府和控股股东支持或掏空上市公司的一种方式，支持的目的是帮助具有配股或避亏动机的上市公司达到监管部门对其融资资格的管制要求。方军雄（2008）研究发现，由于我国财政分权和以 GDP 为主的政绩考核及晋升机制，地方政府控制的企业更偏向于进行本地并购，而中央政府控制的企业更偏向于进行异地并购并且更少实施无关多元化并购。蔡庆丰等（2017）发现，民营企业会通过并购强化政治关联。

高管政治晋升也是企业的具有中国特色的并购动机之一。相对于民营企业，国企高管"准官员"（杨瑞龙等，2013）的特殊身份，使其拥有强烈的晋升动机,并购决策难以做到企业利益最大化。王砚羽等(2014)通过研究中国沪深两市2003—2009年企业并购数据发现,企业政治基因与并购倾向显著正相关,政治基因越强的企业,其完成的发生控制权转移的并购事件越多,即并购倾向越强。陈仕华等(2015)以2004—2013年国有上市公司的并购数据为样本,研究了国有企业高管在面临企业成长压力时的并购行为,研究发现,当高管晋升机会较大时更偏向采用并购方式实现企业成长。

第 4 章

产业政策与企业并购行为研究

4.1 ——————— 引言 ———————

　　产业政策是政府为实现一定的社会经济目标而对产业的形成和发展进行干预的各种政策和制度安排的总和，是政府进行资源配置和推动产业发展的重要途径。但学术界对产业政策有效性的争议日益增多。主张产业政策有效的观点认为，产业政策在纠正市场失灵（林毅夫，2007）、提高产业间的资源重置效率（宋凌云和王贤彬，2013）、促进产业升级调整（韩永辉等，2017）和推动经济高质量发展（Criscuolo 等，2012；林晨等，2023）等方面发挥了积极作用。产业政策通过给予政府补贴、税收优惠与信贷支持，为企业提供了资源支持，降低企业获得外部有形资源的成本，拓宽了股权融资渠道，降低了融资成本（蔡庆丰和田霖，2019；郭飞等，2022），提升了企业投资效率（张新民等，2017）。但也有学者认为，政策部门在制定和实施产业政策过程中存在行为边界和行为方式上的错乱，抑制了产业政策有效性（江飞涛和李晓萍，2010），降低了产业生产率（Lee，1996），甚至造成某些行业产能过剩（程俊杰和刘志彪，2015）。因此，产业政策有效性研究迫切需要源自新视角的证据。

宏观政策与微观企业行为互动关系是当前学术研究的重要议题（姜国华和饶品贵，2011），为检验产业政策有效性提供了新的视角。企业是产业政策的主要实施对象和政策调控的基本单位（杨鹏，2001），企业决策是否受产业政策影响，对检验产业政策的效果至关重要，因此研究产业政策的微观效应具有重要意义。现有文献已从投资（黎文靖和李耀淘，2014；王克敏等，2017）、融资（Chen等，2017；祝继高等，2015；连立帅等，2015）和创新（黎文靖和郑曼妮，2016；余明桂等，2016）等多方面展开相关研究，但研究产业政策微观并购效应的文献较少，蔡庆丰和田霖（2019）从跨行业并购目标公司选择方面进行了探索性研究，发现受产业政策支持的公司更易成为跨行业并购的目标公司。并购作为微观企业重要的战略决策，除需关注并购目标公司选择外，更需要关注外部环境对企业并购决策的影响。产业政策是否影响以及如何影响企业并购决策？这个问题亟待深入而系统地进行相关研究。因此，本章关注产业政策是否会影响企业的并购行为选择，即受到政府产业政策支持的企业是否更倾向于做出并购决策？受产业政策支持的企业更倾向选择哪类并购目标公司进行并购？下面对这些问题进行理论和实证分析。

4.2 　理论分析与假设提出

4.2.1　产业政策的并购决策效应

企业的行为与并购决策直接受到外部制度环境的影响，作为政府引导资源配置重要依据的产业政策（黎文靖和郑曼妮，2016），是企业进行并购决策不可忽视的重要外部制度环境因素。国民经济和社会发展五年规划纲要作为产业政策的纲要性指导文件，从"十一五"规划开始明确将"并购"写入规划之中，"十一五"规划突出并购对建立跨国公司的重要作用；

"十二五"规划进一步强调并购在国有企业改革重组中的重要作用;"十三五"规划则强调并购对建立大企业集团的重要作用。为贯彻执行国家产业政策,各级政府可能会制定相关的优惠政策以支持产业政策支持行业的并购,①银行等金融信贷部门也会制定相关贷款措施以支持受产业政策支持公司的发展,②导致受产业政策支持企业在实施并购活动中,传递企业"受扶持"的信号,可能会受到各级政府及相关部门的"特殊关照",进而影响企业并购决策。

1) 产业政策通过"资源效应"对企业并购决策的影响

根据资源基础理论(Wernerfelt,1984),企业内部所控制的各种资源是企业创造并维持竞争优势的基础,这些资源可以转化成企业独特的竞争能力。资源基础理论认为,企业是异质资源的集合体,并购是获得各类资源的重要方式。我国实施的是选择性产业政策(江飞涛和李晓萍,2010),为实现产业升级发展目标,对产业政策支持的行业,政府通常发挥"扶持之手"的作用(杨兴全等,2018),引导资源配置方向。

首先,产业政策对金融资源配置具有较强的引导作用,在产业政策的导向作用下,银行信贷资金流向会进行相应调整,受扶持行业的企业通常可获得更低的信贷融资成本(李广子和刘力,2020),以及更多的银行贷款(祝继高等,2015;连立帅等,2015),从而缓解企业的融资约束水平(Chen等,2017),一定程度上解决了并购资金来源问题。产业政策通过给予企业支持,间接向外界传递信息,吸引金融机构与投资者的注意力,使其对该行业的预期更加乐观,认为这些企业有更多潜在的发展空间、较小的信用风险,从而有更多向其提供资金的意愿。产业政策通过对金融资源配置的引导作用,为企业拓宽了融资渠道(吴倩等,2019),从而使其

---

① 如为贯彻执行供给侧结构性改革,促进相关行业的并购重组,四川省人民政府办公厅2017年9月对辖区内白酒企业下发《关于推进白酒产业供给侧结构性改革加快转型升级的指导意见》,提出"六大财政支持+五大金融支持+五大税收支持"的策略方针,加大财政资金对白酒企业兼并重组的支持力度;按照企业兼并重组所支付金额的10%、总额不高于1 000万元的标准进行奖励,鼓励支持重点企业采取多种方式,兼并、收购省内外白酒企业,支持省属国有企业参与川酒企业培育和组建大集团。

② 如2015年银监会发布的《商业银行并购贷款风险管理指引》明确指出:"继续鼓励商业银行积极稳妥推进并购贷款业务,引导其结合国家相关产业政策,不断优化并购贷款投向,加大对先进制造业、产能过剩等行业企业兼并重组支持力度,推动有竞争优势的境内企业'走出去',促进提升行业集中度,优化产业结构,提高产业竞争力。"《商业银行并购贷款风险管理指引》提出将并购贷款期限从5年延长至7年;将并购贷款占并购交易价款的比例从50%提高到60%;将担保的强制性规定修改为原则性规定,允许商业银行在防范并购贷款风险的前提下,根据并购项目风险状况、并购方企业的信用状况合理确定担保条件等措施,降低并购贷款要求,提高贷款额度以及期限。

更有可能进行并购活动。

　　其次，对受产业政策支持的行业，政府通常采取相应的"政策性倾斜措施"，为这些行业的企业提供政府补贴、税收优惠、政策性贷款等各种政策优惠资源（余明桂等，2016），增加"政策性资金"获取途径，降低企业经营成本。因此，产业政策的资源效应在一定程度上通过缓解产业政策支持企业的融资约束、降低经营成本，缓解了其在资金方面的并购"障碍"。产业政策可通过税收优惠与政府补贴等方式，使企业获得资金方面的支持，从而有效缓解企业融资约束，降低其融资成本与难度。因此，在产业政策的支持下，政府通过直接或间接的方式，增加企业可支配资源与生产要素，对企业并购决策产生影响。

　　2）产业政策通过"信号效应"对企业并购决策的影响

　　根据风险管理理论，企业会通过对内外部风险进行识别、量化与分析，从而有效地降低或防范风险，并最大限度减轻风险带来的损失。并购是企业的一种扩张行为，具有经济后果，可能对企业业绩造成影响，使企业面临更高的风险及波动性，甚至增加企业破产的可能性（Higgins 和 Schall，2012）。因此，出于风险管理的考虑，企业会慎重做出并购决策。

　　产业政策支持为企业带来大量的投资机会以及良好的发展前景，向企业管理者和市场传递"国家产业未来发展及调整方向"或"支持行业资源倾向性配置"等积极信号。一方面，这些信号显示产业政策的实施将有助于改善和优化企业所在行业的经营环境，从而使主并企业在并购过程中能获取更多的行业发展信息，降低行业环境和政策不确定性带来的不利影响；另一方面，产业政策会影响企业管理层对未来经济前景及行业运行状况的判断，降低企业对行业发展环境不确定性的预期，增强管理层自信，激发管理者的投资热情，增强其投资信心和对未来收益的预期，提高企业风险承担的能力。产业政策的这种"信号效应"提高了企业的风险承担能力，驱动和激发了产业政策支持公司的并购动机，使之更倾向做出并购决策。此外，产业政策支持间接提供的政府补助、银行贷款、税收优惠、股权融资等资源支持显著增加了企业的自由现金流，提高了企业承担风险性项目的能力（吴倩等，2019），所以产业政策支持的"信号效应"可能会影响企业的风险承担水平，进而影响企业的并购决策。

综上，基于资源效应和信号效应的分析认为：一方面，产业政策的干预降低了产业政策支持公司的并购"障碍"，增加了并购资金的获取途径；另一方面，产业政策的信号效应，提高了受支持企业的风险承担水平，促使受支持企业更倾向进行并购决策。所以，受到产业政策支持或鼓励的企业管理者会充分利用扶持性产业政策提供的各项优惠政策，乐观估计经济形势和行业发展前景，更倾向做出并购决策，据此，提出以下假设：

H1：产业政策对企业并购决策具有积极影响效应，相比未受产业政策支持的企业，受产业政策支持的企业更倾向于做出并购决策。

4.2.2 产业政策的并购目标公司选择效应

依据并购目标公司的行业选择路径，并购可分为专业化并购和多元化并购（Christensen 和 Montgomery，1981）。专业化并购指主并公司与目标公司属于同一行业的并购；多元化并购是指主并公司与目标公司属于不同的行业，主并公司选择其他行业的目标公司进行并购。专业化并购和多元化并购在协同效应方面存在明显区别（蔡庆丰和田霖，2019）。协同效应是指企业经营者在并购过程中充分利用资源，使得并购双方的整体效益大于两个独立个体效益的总和。专业化并购往往能够帮助企业将先前的外部市场买卖关系转化成自身内部的调拨关系，化外部采购为内部生产，有利于降低交易成本，提升企业市场占有率，增强企业竞争力，实现规模经济，并最终产生协同效应。多元化并购是企业将其生产或销售一种行业产品的技术与能力运用到其他行业产品的生产或销售中去，获得更高的边际生产收益率，以此实现协同效应。

由于产业政策的本质是政府利用"看不见的手"支持某些特定行业发展，引导相关资源与生产要素进入这些行业。不同的并购目标公司选择会导致不同的并购协同效应，受产业政策支持的企业获得"看不见的手"的支持之后，如何选择并购目标公司是研究产业政策并购效应必须考虑的问题。

1）产业政策可能有利于企业进行专业化并购

市场势力理论认为，企业通过减少在同行业内的竞争对手，提升行业集中度，从而实现经营环境垄断控制。根据市场势力理论，企业进行专业化并购的动因是借助这一手段达到减少竞争对手的目的（孙自愿等，2013）。产业政策通过影响行业竞争程度，促使企业进行专业化并购，提升自身对经营环境与行业的控制能力，提高自身市场占有率，实现规模经济。在产业政策的支持下，政府可能会放松对鼓励产业的投资项目审批和市场准入限制，影响企业进入与退出行业的门槛，使更多的企业能够进入，增强被鼓励行业的市场竞争水平（余明桂等，2016）。企业要想在竞争的市场中继续生存，获得超额利润，就需要进行同行业并购以发挥规模效益。因此，受到产业政策支持的企业为了保持和提升自己在行业内的竞争优势，更有能力和动机选择同行业的目标公司，进行专业化并购。

2）产业政策可能有利于企业进行多元化并购

资源基础理论强调，多元化发展是微观企业的一项重要的战略发展决策，其实施依赖于企业的现有能力与资源禀赋。产业政策以信贷配给、税收优惠、政府补贴以及行政指导等手段为受扶持企业带来了更多的"资源优势"，因此受扶持企业有可能借助这些"资源优势"，进行多元化并购目标公司选择，以使企业实现多元化发展。另外，管理层有通过多元化并购提高薪酬或分散风险的动机（Scharfstein 和 Stein，2000）。已有研究发现，自由现金流越多，企业越容易进行多元化并购（洪道麟等，2006）。基于产业政策的资源效应，受产业政策支持的企业将获得更多的自由现金流，因此，管理层可能将更倾向于选择跨行业的并购目标公司，做出多元化并购决策。

综合上文的分析，产业政策对企业并购目标公司的选择可能存在不同的影响，需要进行验证，所以本部分提出以下两个对立假设：

H2a：相比不受产业政策支持的企业，受产业政策支持企业更倾向于选择专业化的目标公司，进行专业化并购。

H2b：相比不受产业政策支持的企业，受产业政策支持企业更倾向于选择多元化的目标公司，进行多元化并购。

4.3 ——————————研究设计——————————

4.3.1 变量解释

1）产业政策变量的界定

产业政策是核心解释变量，用 IP 表示。国内学者对企业是否受产业政策支持的定义大多是基于对国家发布的产业政策文件的解读，宋凌云和王贤彬（2013）手工整理了 30 个省份的"九五"、"十五"及"十一五"3个五年规划文件，将国家和各省份规划中专门讨论工业发展章节中涉及的所有制造业产业视为重点产业，并分别统计了这些产业在不同规划期被选定为重点产业的次数。黎文靖和郑曼妮（2016）将国家发展和改革委员会网上发布的产业政策中出现"发展"、"鼓励"和"调整"等字样的行业列为受产业政策激励行业。陆正飞和韩非池（2013）、王克敏等（2017）根据五年规划中相关行业的发展规划来确定企业是否属于受产业政策所支持的行业。Chen 等（2017）、杨兴全等（2018）则以国家五年发展规划文件为依据，进行赋值。本书借鉴 Chen 等（2017）、杨兴全等（2018）的研究，采用虚拟变量法将产业政策指标量化。

具体而言，以《中华人民共和国国民经济和社会发展第十一个五年规划纲要》、《中华人民共和国国民经济和社会发展第十二个五年规划纲要》和《中华人民共和国国民经济和社会发展第十三个五年规划纲要》中关于相关行业发展规划的论述为依据，规划文件中出现"发展"、"大力发展"、"大力振兴"、"鼓励发展"、"积极发展"、"培育发展"、"促进发展"、"加快发展"、"重点发展"、"全面发展"及"优先发展"等字样的行业，界定为产业政策鼓励支持行业，否则界定为不受产业政策鼓励支持的行业。如果某企业处于产业政策鼓励支持行业，则鼓励产业政策 IP1 取值为 1，否则 IP1 取值为 0。在此基础上，将规划文件中出现"大力发展"、"加快发展"、"重点发展"、"全面发展"及"优先发展"等字样的行业，界定为产业政策重点支持行业，否则界定为不受产业政策重点支持的行业[①]。如果某企业处于产业政策重点支持行业，则重点产业政策 IP2 取值为 1，否则 IP2 取值为 0。

2）并购决策的界定

并购决策是被解释变量，用 MA 表示。关于并购决策的衡量方法，陈仕华等（2015）设置了两个指标测量：一是并购可能性，如果企业实施并购，则取值为 1，否则为 0；二是并购规模，以测度某企业实施并购战略的程度，用企业一个年度内实施的所有并购支付的总金额度量。徐炜锋和阮青松（2023）采用并购倾向和并购次数对并购决策进行了衡量，即当年是否发生并购交易和当年发生的并购总数。借鉴陈仕华等（2015）、徐炜锋和阮青松（2023）的研究，MA 按照公司是否采取并购决策进行界定，采用虚拟变量法，如果公司在年度内至少发生一起并购事件，则 MA 取值为 1，否则 MA 取值为 0。

3）并购目标公司选择的界定

并购目标公司选择是被解释变量，用 PATH 表示。关于并购目标公司选择的界定，既有文献大多数按照主并公司与目标公司主营业务是否为同一行业进行划分。李善民等（2009）认为，只要并购的目标公司与主并公司不属于同一行业大类，即为多元化并购。郭建全等（2017）在研究并购经验、政治风险与多元化并购三者关系时，将并购交易双方行业的关联性作为衡量多元化并购的指标，采用标准产业分类代码 SIC Code 对交易双方行业类别进行分类，若并购双方 SIC Code 前两位编码不同，则认为是多元化并购；否则属于专业化并购。魏炜等（2017）根据证监会发布的《上市公司行业分类指引》（2012 年修订）中的 CSRC 行业大类代码进行判断，若大类代码不同，则定义为多元化并购；否则界定为专业化并购。本章借鉴上述研究，以国泰安并购重组数据库中的并购类型为依据，如果并购类型是横向并购或纵向并购，则界定为专业化并购目标公司选择，PATH 取值为 1；否则界定为多元化并购目标公司选择，PATH 取值为 0。

---

① 本书中，"产业政策重点支持行业"和"重点产业政策支持行业"的含义与范畴完全一样，"产业政策鼓励支持行业"和"鼓励性产业政策支持行业"的含义与范畴完全一样，在不同章节，根据需要用不同的表述方式。

4）控制变量的界定

借鉴陈仕华等（2013）、周绍妮等（2017）等的研究，本章对以下反映公司治理特征、财务特征、并购交易特征等的变量进行控制。具体控制变量为：现金流量（OCF）、企业成长性（GROW）、企业规模（SIZE）、独立董事比例（PND）、董事会规模（SCALE）、两职兼任（DUAL）、市账比（MB）、盈利能力（ROE）、公司年龄（AGE）、产权性质（SOE）、财务杠杆（LEV）、年度（Year）。具体变量定义见表4-1。

表4-1   **变量定义表**

变量名称	变量符号	变量定义
并购决策	MA	如公司年度内至少发生一起并购事件，则取值为1；否则取值为0
并购目标公司选择	PATH	如公司并购类型为横向并购或者纵向并购，则取值为1；否则取值为0
产业政策	IP1	若公司属于产业政策鼓励支持行业，则IP1取值为1；否则取值为0
	IP2	若公司属于产业政策重点支持行业，则IP2取值为1；否则IP2取值为0
现金流量	OCF	年末经营性现金流量除以年末总资产
企业成长性	GROW	年营业收入增长率
企业规模	SIZE	年末总资产的自然对数
独立董事比例	PND	年末独立董事占董事会人数的比例
董事会规模	SCALE	年末董事会人数的自然对数
两职兼任	DUAL	如果年末总经理和董事长兼任，则取值为1；否则为0
市账比	MB	年末的股票市场价格与总资产账面价值的比值
盈利能力	ROE	年净利润除以年末净资产
公司年龄	AGE	年末公司成立年限的自然对数
产权性质	SOE	如果是国有公司，取值为0；否则取值为1
财务杠杆	LEV	年末资产负债率
年度	Year	年度虚拟变量

4.3.2　模型设计

为检验产业政策对企业并购行为的影响，建立 Probit 回归模型（4-1）和（4-2）来验证本章提出的假设。为避免反向因果等可能存在的内生性问题对研究结论的影响，在回归分析时随时间变化的控制变量均取滞后一期值；为避免极端值影响，对所有连续变量进行上下 1% 的 Winsorize 处理；为控制异方差，对模型均进行 Robust 回归。

模型（4-1）是为了验证假设 H1 产业政策对并购决策选择的影响。被解释变量为并购决策（MA），解释变量为产业政策 IP（具体回归中用 IP1 或 IP2），控制变量见表 4-1。如果回归结果显示 IP 的系数显著为正，则假设 H1 成立。

模型（4-2）是为了验证假设 H2 产业政策对企业并购目标公司选择的影响。并购目标公司选择（PATH）是被解释变量，如果回归结果显示 IP 的系数显著为正，则表示相对于没受产业政策支持的企业，受产业政策支持的企业更倾向于选择专业化的目标公司，进行专业化并购，假设 H2a 得到验证；反之，如果 IP 回归系数显著为负，则表示相对于未受产业政策支持的企业，受产业政策支持的企业更倾向于选择多元化的目标公司，进行多元化并购，假设 H2b 得到验证。

$$
\begin{aligned}
MA = {} & \alpha_0 + \alpha_1 IP + \alpha_2 OCF + \alpha_3 GROW + \alpha_4 SIZE + \alpha_5 PND + \\
& \alpha_6 SCALE + \alpha_7 DUAL + \alpha_8 MB + \alpha_9 ROE + \alpha_{10} AGE + \\
& \alpha_{11} SOE + \alpha_{12} LEV + \sum Year + \varepsilon
\end{aligned} \tag{4-1}
$$

$$
\begin{aligned}
PATH = {} & \beta_0 + \beta_1 IP + \beta_2 OCF + \beta_3 GROW + \beta_4 SIZE + \beta_5 PND + \\
& \beta_6 SCALE + \beta_7 DUAL + \beta_8 MB + \beta_9 ROE + \beta_{10} AGE + \\
& \beta_{11} SOE + \beta_{12} LEV + \sum Year + \mu
\end{aligned} \tag{4-2}
$$

4.3.3　样本选择与数据来源

本章选取 2007—2020 年中国沪深 A 股上市公司作为研究样本，然后剔除 ST、*ST 或 PT 等处于非正常交易状态的样本、金融行业以及数据缺失的样本；在此基础上，对发生并购事件的样本继续做如下处理：（1）仅保留交易地位为买方的样本；（2）只保留股权收购样本；（3）剔除并购关联交易样本；（4）剔除并购交易未成功的样本；（5）对同一企业在同一年份进行多次并购并且并购标的相同的样本进行合并；（6）对于同一企业在同一年份进行多次并购并且并购标的不同的样本，仅保留交易金额最大的样本。所有数据来自国泰安 CSMAR 数据库。表 4-2 列示了研究样本的产业政策支持情况以及年度分布情况，可以看出，研究期间共获得 24 430

个年度公司样本，其中受产业政策鼓励支持的样本为 13 837 个，受产业政策重点支持的样本为 7 498 个。从 2007 年到 2020 年，受产业政策重点支持的公司数，从 2007 年的 151 家增加到 2020 年的 834 家，平均 30.69% 的公司受到产业政策重点支持；受产业政策鼓励支持的公司数，从 2007 年的 510 家增加到 2020 年的 1 622 家，平均 56.64% 的公司受到产业政策鼓励支持。

表4-2　　　　　　　产业政策支持情况与年度分布

年份	重点支持	鼓励支持	公司总数	重点比重	鼓励比重
2007	151	510	855	17.66%	59.65%
2008	159	554	938	16.95%	59.06%
2009	182	658	1 093	16.65%	60.20%
2010	197	710	1 132	17.40%	62.72%
2011	471	626	1 265	37.23%	49.49%
2012	649	895	1 630	39.82%	54.91%
2013	734	1011	1 827	40.18%	55.34%
2014	749	1 033	1 875	39.95%	55.09%
2015	724	1 000	1 782	40.63%	56.12%
2016	531	1 045	1 899	27.96%	55.03%
2017	604	1 210	2 132	28.33%	56.75%
2018	699	1 378	2 418	28.91%	56.99%
2019	814	1 585	2 766	29.43%	57.30%
2020	834	1 622	2 818	29.60%	57.56%
合计	7 498	13 837	24 430	30.69%	56.64%

4.4　　　　　　　　　　　　实证结果分析

4.4.1　描述性统计

模型（4-1）主要变量的描述性统计见表 4-3。[①] Panel A 和 B 结果显

[①] 表4-3和表4-4中，MA 和 PATH 均值和中位数分组差异检验的依据，是参考第4章基准回归结果后进行的选择。表4-3是按照鼓励产业政策变量 IP1 分组；表4-4是按照重点产业政策变量 IP2 分组。后面稳健性检验和机制检验部分，模型（4-1）的产业政策变量为 IP1，模型（4-2）的产业政策变量为 IP2。

示，在全部研究样本中，产业政策 IP1 和 IP2 的均值分别为 0.57 和 0.31，MA 均值为 0.223，表明样本公司受产业政策鼓励支持的约 57%，重点支持的约 31%，约 22.3% 的公司发生并购行为；按照 IP1 分组的均值和中位数差异检验结果显示，受产业政策支持和不受支持的两组 MA 的均值和中位数存在显著差异。

模型（4-2）主要变量的描述性统计见表 4-4。Panel A 和 B 结果显示，在全部发生并购事件的样本中，产业政策 IP1 和 IP2 的均值分别为 0.58 和 0.32，PATH 均值为 0.67，表明发生并购的样本公司中，受产业政策鼓励支持的约 58%，重点支持的约 32%，67% 的样本公司选择专业化并购目标公司进行并购，按照 IP2 分组的均值和中位数差异检验结果显示，受产业政策支持和不受支持的两组 PATH 的均值和中位数存在显著差异。表 4-3 和表 4-4 变量描述性统计结果初步表明企业并购行为因产业政策而存在差异。

表4-3　　　　　　　　　　模型（4-1）变量描述性统计

Panel A：变量总体描述性统计

Variable	N	Mean	SD	Min	Median	Max
MA	24 430	0.220	0.410	0	0	1
IP1	24 430	0.570	0.500	0	1	1
IP2	24 430	0.310	0.460	0	0	1
OCF	24 430	0.670	0.480	0.090	0.550	2.830
GROW	24 430	0.200	0.490	−0.560	0.120	3.390
SIZE	24 430	22.04	1.260	19.68	21.87	26
PND	24 430	0.370	0.050	0.300	0.330	0.570
SCALE	24 430	2.150	0.200	1.610	2.200	2.710
DUAL	24 430	0.250	0.430	0	0	1
MB	24 430	0.620	0.240	0.120	0.630	1.130
ROE	24 430	0.070	0.110	−0.510	0.070	0.330
AGE	24 430	2.690	0.400	1.390	2.770	3.400
SOE	24 430	0.570	0.500	0	1	1
LEV	24 430	0.440	0.200	0.050	0.430	0.880

Panel B：按产业政策分组的主要变量均值和中位数差异

分组	IP1=0		IP1=1		差异检验值	
Variable	Mean	Median	Mean	Median	MeanDiff	MedDiff
MA	0.207	0	0.223	0	−0.016***	8.668***
OCF	0.766	0.606	0.600	0.509	0.166***	310.547***
GROW	0.185	0.105	0.214	0.126	−0.030***	43.182***
SIZE	22.02	21.87	22.06	21.87	−0.036**	0
PND	0.371	0.333	0.373	0.333	−0.001*	9.339***
SCALE	2.145	2.197	2.148	2.197	−0.003	19.842***
DUAL	0.235	0	0.258	0	−0.023***	16.868***
MB	0.633	0.643	0.614	0.613	0.020***	42.170***
ROE	0.068	0.067	0.065	0.070	0.003*	8.588***
AGE	2.726	2.773	2.666	2.708	0.060***	96.895***
SOE	0.594	1	0.548	1	0.046***	
LEV	0.446	0.448	0.431	0.425	0.015***	35.421***

注：*、**、***分别表示变量组间差异在10%、5%、1%的显著性水平。

表4-4　　　　　　　模型（4-2）变量描述性统计

Panel A：主要变量总体描述性统计

Variable	N	Mean	SD	Min	Median	Max
PATH	5 125	0.670	0.470	0	1	1
IP1	5 125	0.580	0.490	0	1	1
IP2	5 125	0.320	0.470	0	0	1
OCF	5 125	0.650	0.460	0.100	0.530	2.690
GROW	5 125	0.250	0.480	−0.520	0.160	3.080
SIZE	5 125	21.99	1.140	19.91	21.83	25.53
PND	5 125	0.370	0.050	0.310	0.330	0.570
SCALE	5 125	2.140	0.200	1.610	2.200	2.710
DUAL	5 125	0.290	0.450	0	0	1
MB	5 125	0.600	0.230	0.120	0.600	1.100
ROE	5 125	0.080	0.080	−0.290	0.080	0.320
AGE	5 125	2.640	0.410	1.390	2.710	3.400
SOE	5 125	0.670	0.470	0	1	1
LEV	5 125	0.430	0.200	0.050	0.430	0.860

续表

Panel B：按产业政策分组的主要变量均值和中位数差异

分组	IP2=0		IP2=1		差异检验值	
Variable	Mean	Median	Mean	Median	MeanDiff	MedDiff
PATH	0.633	1	0.694	1	−0.062***	
OCF	0.755	0.597	0.575	0.491	0.180***	97.420***
GROW	0.230	0.141	0.260	0.169	−0.030**	14.752***
SIZE	22.00	21.87	21.98	21.81	0.0270	4.444**
PND	0.372	0.333	0.372	0.333	−0.001	0.515
SCALE	2.138	2.197	2.138	2.197	0	0.502
DUAL	0.261	0	0.309	0	−0.048***	13.893***
MB	0.616	0.618	0.589	0.582	0.027***	15.376***
ROE	0.080	0.075	0.080	0.078	0	3.665*
AGE	2.671	2.708	2.611	2.639	0.061***	21.355***
SOE	0.686	1	0.652	1	0.034**	
LEV	0.445	0.456	0.416	0.408	0.030***	29.098***

注：*、**、***分别表示变量组间差异在10%、5%、1%的显著性水平。

49

4.4.2 基准回归结果分析

产业政策对并购行为影响的回归结果见表4-5，其中列（1）～（4）是模型（4-1）产业政策影响并购决策 MA 的回归结果，列（5）～（8）是模型（4-2）产业政策影响企业并购目标公司选择 PATH 的回归结果。

表4-5　　产业政策对并购行为影响的回归结果

变量	(1) MA	(2) MA	(3) MA	(4) MA	(5) PATH	(6) PATH	(7) PATH	(8) PATH
IP1	0.055***	0.044**			0.182***	0.180***		
	(2.988)	(2.309)			(4.936)	(4.707)		
IP2			0.033*	0.024			0.206***	0.192***
			(1.679)	(1.195)			(5.084)	(4.615)
OCF		−0.072***		−0.078***	0.091**		0.062	
		(−3.479)		(−3.839)	(2.076)		(1.445)	
GROW		0.089***		0.090***	0.031		0.035	
		(4.968)		(5.057)	(0.757)		(0.867)	

变量	(1) MA	(2) MA	(3) MA	(4) MA	(5) PATH	(6) PATH	(7) PATH	(8) PATH
SIZE		0.035***		0.036***		−0.011		−0.012
		(3.271)		(3.328)		(−0.477)		(−0.501)
PND		−0.214		−0.214		1.013**		0.954**
		(−1.054)		(−1.056)		(2.343)		(2.209)
SCALE		−0.072		−0.072		0.070		0.058
		(−1.273)		(−1.282)		(0.593)		(0.488)
DUAL		0.085***		0.086***		0.039		0.042
		(3.873)		(3.930)		(0.934)		(0.996)
MB		−0.034		−0.036		0.135		0.161
		(−0.637)		(−0.661)		(1.185)		(1.411)
ROE		0.676***		0.675***		0.956***		0.983***
		(6.807)		(6.796)		(3.915)		(4.026)
AGE		−0.136***		−0.140***		−0.166***		−0.170***
		(−4.907)		(−5.056)		(−3.106)		(−3.185)
SOE		0.318***		0.315***		−0.105**		−0.111**
		(14.608)		(14.518)		(−2.263)		(−2.386)
LEV		0.076		0.079		−0.165		−0.145
		(1.405)		(1.448)		(−1.421)		(−1.238)
_cons	−0.718***	−1.053***	−0.691***	−1.029***	0.123	0.074	0.204**	0.216
	(−14.98)	(−4.193)	(−14.74)	(−4.102)	(1.293)	(0.134)	(2.207)	(0.391)
Year	Yes	Yes	Yes	Yes	Yes	Yes	Yes	Yes
Pseudo R^2	0.010	0.029	0.010	0.029	0.010	0.018	0.010	0.018

注：括号内为T统计值，*、**、***分别表示回归系数在10%、5%和1%的水平上显著，下同。

从表 4-5 中的列（1）～（3）可以看出，产业政策 IP 与并购决策 MA 的回归系数都显著为正，假设 H1 得到验证，表明产业政策对企业并购决策具有促进作用。产业政策可能通过其提供的税收优惠以及信贷方面的资源支持降低企业外源融资成本，提供更多外部资金，增大企业冗余资源存量，提高企业风险承担能力，从而促使受产业政策支持的企业更倾向于进行并购决策。

从表 4-5 中的列（5）～（8）可以看出，产业政策 IP 与并购目标公司选择 PATH 的回归系数均显著为正，假设 H2a 得到验证，说明相对于不受产业政策支持的企业，产业政策支持下的企业更倾向于选择专业化的目标公司，进行专业化并购。

4.4.3 稳健性检验

1）内生性检验

已有研究发现构建双重差分模型来检验产业政策实施的效果，可以有效控制除产业政策外的其他因素对实验组和控制组中样本企业并购的影响，使政策效果估计更为准确（杨兴全等，2018）。因此，为避免内生性问题的影响，本节使用 2007—2020 年 A 股发生并购事件的上市公司作为研究样本，将国家五年规划的出台设置为政策冲击事件，采用双重差分 DID 模型，进行内生性检验，具体如模型（4-3）所示。为使模型（4-3）的结果更可靠，对控制变量进行滞后一期处理，并对所有连续变量进行上下 1% 的缩尾处理。

$$
\begin{aligned}
MA = {} & \lambda_0 + \lambda_1 TREAT + \lambda_2 POST + \lambda_3 TREAT*POST + \\
& \lambda_4 OCF + \lambda_5 GROW + \lambda_6 SIZE + \lambda_7 PND + \lambda_8 SCALE + \\
& \lambda_9 SCALE + \lambda_{10} DUAL + \lambda_{11} MB + \lambda_{12} ROE + \lambda_{13} AGE + \\
& \lambda_{14} SOE + \lambda_{15} LEV + \sum Year + \nu
\end{aligned}
\tag{4-3}
$$

模型（4-3）中，TREAT 为政策虚拟变量，当 TREAT=1 时表示实验组，其含义为企业所在行业未受前五年规划支持但受后五年规划支持；TREAT=0 表示控制组，其含义为企业既不受前五年规划支持也不受后五年规划支持。POST 为时间虚拟变量，用来划分政策的时间范畴，对于 2007—2015 年的研究样本，以 2011 年国家"十二五"规划出台为界，当处于 2011—2015 年时 POST=1，处于 2007—2010 年时 POST=0。对于 2011—2020 年的研究样本，以 2016 年国家"十三五"规划出台为界，当处于 2016—2020 年时 POST=1，处于 2011—2015 年时 POST=0。

表 4-6 报告了产业政策对并购决策 MA 和并购目标公司选择 PATH 的回归结果，其中列（1）和（4）交乘项 TREAT*POST 的回归系数显著为正，与前文假设 H1 的回归结果一致，说明相对于不受产业政策支持的企

业，受产业政策支持的企业更倾向于进行并购行为。

表4-6　　　　　　　　　DID双重差分检验的结果

变量	基于"十二五"规划的DID		基于"十三五"规划的DID	
	（1）MA	（2）PATH	（3）MA	（4）PATH
TREAT	−0.198**	−0.074	0.062	−0.270
	（−2.566）	（−0.528）	（1.155）	（−1.011）
POST	−0.111*	0.143	−0.211***	−0.123
	（−1.669）	（1.123）	（−3.796）	（−1.090）
TREAT*POST	0.244***	0.248	0.054	0.506*
	（2.922）	（1.612）	（0.880）	（1.832）
OCF	−0.045**	0.068	−0.039**	0.069
	（−2.084）	（1.471）	（−2.135）	（1.614）
GROW	−0.000*	0.000**	−0.001	−0.008*
	（−1.759）	（2.296）	（−0.558）	（−1.955）
SIZE	0.088***	0.048	0.012	−0.007
	（6.641）	（1.540）	（1.161）	（−0.275）
PND	0.083	0.386	−0.415*	0.824*
	（0.332）	（0.731）	（−1.913）	（1.823）
SCALE	−0.012	0.100	−0.190***	−0.011
	（−0.169）	（0.693）	（−3.029）	（−0.081）
MB	−0.309***	0.097	−0.051	0.080
	（−4.325）	（0.649）	（−0.904）	（0.662）
ROE	−0.003	0.736***	0.001	0.276
	（−0.776）	（2.881）	（0.269）	（1.390）
DUAL	0.097***	0.077	0.148***	0.026
	（3.105）	（1.316）	（6.499）	（0.591）
AGE	−0.122***	−0.184***	−0.214***	−0.150**
	（−3.701）	（−2.902）	（−7.170）	（−2.575）
SOE	0.375***			
	（13.180）			
LEV	−0.060	−0.153	−0.128**	−0.141
	（−0.891）	（−1.023）	（−2.330）	（−1.108）
_cons	−2.101***	−0.851	0.096	0.686
	（−6.861）	（−1.303）	（0.366）	（1.192）
Year	Yes	Yes	Yes	Yes
Pseudo R^2	0.025	0.018	0.020	0.011

2）群聚调整检验

为控制自相关问题，本章通过对回归模型的标准误进行公司层面的群聚调整检验，对模型（4-1）和（4-2）重新回归。回归结果见表4-7，回归结果与基准回归结果基本一致。

表4-7　　　　　　　　　　　群聚调整稳健性检验结果

变量	（1）MA	（2）MA	（3）PATH	（4）PATH
IP1	0.044*		0.180***	
	（1.872）		（4.067）	
IP2		0.024		0.192***
		（0.955）		（4.044）
OCF	−0.072***	−0.078***	0.091*	0.062
	（−2.691）	（−2.965）	（1.837）	（1.272）
GROW	0.089***	0.090***	0.031	0.035
	（4.758）	（4.845）	（0.748）	（0.857）
SIZE	0.035**	0.036**	−0.011	−0.012
	（2.477）	（2.522）	（−0.417）	（−0.438）
PND	−0.214	−0.214	1.013**	0.954**
	（−0.850）	（−0.852）	（2.179）	（2.052）
SCALE	−0.072	−0.072	0.070	0.058
	（−0.994）	（−1.001）	（0.510）	（0.419）
DUAL	0.085***	0.086***	0.039	0.042
	（3.138）	（3.186）	（0.855）	（0.912）
MB	−0.034	−0.036	0.135	0.161
	（−0.525）	（−0.545）	（1.075）	（1.278）
ROE	0.676***	0.675***	0.956***	0.983***
	（6.249）	（6.241）	（3.715）	（3.822）
AGE	−0.136***	−0.140***	−0.166**	−0.170***
	（−3.590）	（−3.695）	（−2.576）	（−2.642）
SOE	0.318***	0.315***	−0.105*	−0.111**
	（11.005）	（10.913）	（−1.897）	（−1.997）
LEV	0.076	0.079	−0.165	−0.145
	（1.131）	（1.171）	（−1.267）	（−1.108）
_cons	−1.053***	−1.029***	0.074	0.216
	（−3.231）	（−3.165）	（0.120）	（0.350）
Year	Yes	Yes	Yes	Yes
Pseudo R²	0.029	0.029	0.018	0.018

3）安慰剂检验

产业政策与企业并购行为间的统计显著可能来自于某些随机因素。为验证产业政策的确会对企业并购产生正向影响，借鉴 Li 等（2016）的研究，利用安慰剂检验中的随机生成实验组方法进行稳健性检验。具体步骤如下：在所有原回归样本中，对企业是否受产业政策支持的变量 IP 重新赋值，构建的变量取值频次与真实数据保持相同（即保持原有的受产业政策支持样本数量），记录回归结果的回归系数和 T 值，将上述随机过程重复 1 000 次。

图 4-1 和图 4-2 是经过随机 1 000 次后虚构的 IP 变量 Probit 回归后的 T 值和回归系数分布图像。图 4-1 是产业政策 IP1 影响并购决策的安慰剂检验结果。图 4-2 是产业政策影响并购目标公司选择的安慰剂检验结果，上图是 IP1 的，下图是 IP2 的。结果显示，安慰剂检验中虚构变量的回归系数接近于 0，远低于原有回归结果的系数估计值，表明模型（4-1）和模型（4-2）都通过安慰剂检验。

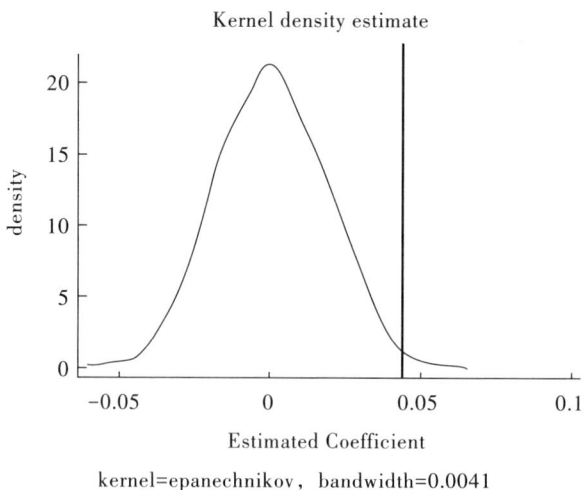

kernel=epanechnikov，bandwidth=0.0041

图4-1　并购决策的安慰剂检验结果

Kernel density estimate

density

kernel=epanechnikov，bandwidth=0.0081

Estimated coefficient

Kernel density estimate

density

kernel=epanechnikov，bandwidth=0.0086

Estimated Coefficient

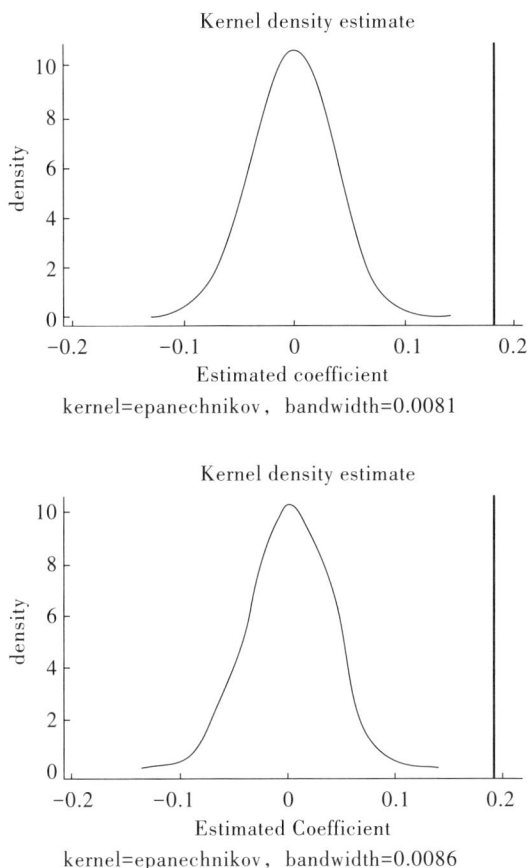

图4-2　并购目标公司选择的安慰剂检验结果

4.4.4　机制检验

为检验产业政策影响并购行为的作用机制，根据前面的分析，本节基于企业风险承担水平和融资约束检验产业政策影响并购决策的路径机制，基于行业竞争程度检验产业政策影响并购目标公司选择的路径机制。

1）风险承担水平的机制检验

风险管理理论认为，企业会通过对内外部风险进行识别与分析，从而有效地降低或防范风险。并购活动本身充满了不确定性，并购作为企业的一种扩张行为，具有经济后果，可能对企业业绩造成影响，给企业带来风险。因此，出于风险管理的考虑，企业会慎重做出并购战略选择。而产业政策的支持，一方面，其所带来的政府补助、信贷支持、税收优惠、股权融资等资源将较大幅度增加企业的自由现金流，提高了企业承担风险的能力；另一方面，能够为企业带来大量的投资机会以及良好的发展前景，激发了管理者的投资热情及风险偏好，增加了其投资信心和对未来收益的预期，提高了企业风险承担的动力。因此，产业政策可能通过提高企业的风险承担水平而促使受到产业政策支持的企业更倾向于做出并购决策。为检验企业风险承担水平的中介效应，建立模型（4-4）～（4-6）：

$$MA = \alpha_0 + \alpha_1 IP + \sum Control + \varepsilon \tag{4-4}$$

$$RISK = \beta_0 + \beta_1 IP + \sum Control + \mu \tag{4-5}$$

$$MA = \lambda_0 + \lambda_1 IP + \lambda_2 RISK + \sum Control + \rho \tag{4-6}$$

借鉴吴怡俐等（2022）的做法，使用公司考虑现金红利再投资的周个股回报率标准差的对数值衡量公司的风险承担水平，用变量 RISK 表示，RISK 值越高，表示企业风险承担能力越强，回归结果见表4-8。表4-8列（2）中，产业政策 IP 在1%水平上显著提升了企业风险承担水平 RISK，列（3）中，RISK 的回归系数显著为正，产业政策 IP 的回归系数显著为正，但是回归系数值较列（1）的基本回归系数下降，表明在产业政策影响并购决策的过程中，企业风险承担水平发挥了部分中介效应。

表4-8   企业风险承担水平的中介效应检验结果

变量	(1) MA	(2) RISK	(3) MA
IP	0.044** (2.307)	0.017*** (4.989)	0.038** (2.000)
RISK			0.391*** (10.575)
Control	控制	控制	控制
R^2	0.029	0.511	0.034
Sobel	0.000002***		

2）融资约束的机制检验

资源基础理论认为，企业拥有的各种资源是企业创造并维持竞争优势的基础，这些资源可以转化成企业独特的竞争能力。在产业政策的支持下，一方面，企业可能获得更多的政府补助或税收优惠，增加资本存量，缓解企业内源融资压力；另一方面，产业政策的支持向外界传递积极信息，提高金融机构与投资者的投资意愿，同时信贷支持也能拓宽企业外源融资渠道，降低企业外源融资成本，缓解企业融资约束。企业融资约束程度的降低为企业并购提供了更多条件，促使企业更易做出并购决策。因此，产业政策可能通过缓解企业融资约束而促使受到产业政策支持的企业更倾向于做出并购决策。为检验融资约束的中介效应，建立模型（4-7）~（4-9）：

$$MA = \alpha_0 + \alpha_1 IP + \sum Control + \varepsilon \qquad (4-7)$$

$$SA = \beta_0 + \beta_1 IP + \sum Control + \mu \qquad (4-8)$$

$$MA = \lambda_0 + \lambda_1 IP + \lambda_2 SA + \sum Control + \rho \qquad (4-9)$$

上述模型中使用 SA 的绝对值度量企业融资约束程度，其值越大，代表企业融资约束程度越高，SA 数据来源于国泰安 CSMAR 数据库。融资约束中介效应的检验结果见表4-9，结果显示，列（2）中，IP 的回归系数显著为负，说明产业政策支持显著降低了企业的融资约束程度；列（3）中，SA 的回归系数和 IP 的回归系数都显著，Sobel 检验在 1% 水平显著，说明企业融资约束在产业政策与企业并购决策间发挥了部分中介的作用。

表4-9　　　　　　　　企业融资约束的中介效应检验结果

变量	（1） MA	（2） SA	（3） MA
IP	0.044^{**}（2.307）	-0.007^{***}（-3.769）	0.047^{**}（2.494）
SA			0.611^{***}（8.242）
Control	控制	控制	控制
R^2	0.029	0.736	0.032
Sobel	0.001^{***}		

3）行业竞争程度的机制检验

产业政策作为导向信号，将吸引更多企业进入受产业政策支持行业；同时，为了配合产业政策的实施，政府可能采取配套措施，放宽市场准入，加快项目审批和核准流程，进而影响到行业内竞争水平，新进入者的进入提高了行业内现有竞争水平。相较于没有受到产业政策支持的行业，受到产业政策支持的行业有更高的行业竞争程度。为了应对竞争环境的变化，保持持久竞争优势，受产业政策支持企业可能会选择通过专业化并购获取并购所带来的规模效应。从市场势力理论出发，专业化并购可以作为一种减少同行业竞争对手的手段，能够帮助企业扩大在本行业中的体量，获得更高的市场占有率，实现规模经济，加强其竞争能力。因此，产业政策的支持，增强了本行业现有行业竞争程度，为保持竞争优势，受产业政策支持企业相对于不受产业政策支持企业，更倾向于选择专业化并购目标公司，进行专业化并购。行业竞争程度用 HHI 表示，数据来源于 CSMAR 数据库。通过模型（4-10）～（4-12）对此进行实证检验，回归结果见表4-10。

$$PATH = \alpha_0 + \alpha_1 IP + \sum Control + \varepsilon \qquad (4\text{-}10)$$

$$HHI = \beta_0 + \beta_1 IP + \sum Control + \mu \qquad (4\text{-}11)$$

$$PATH = \lambda_0 + \lambda_1 IP + \lambda_2 HHI + \sum Control + \upsilon \qquad (4\text{-}12)$$

表4-10   **行业竞争程度的中介效应检验结果**

变量	（1）MA	（2）HHI	（3）MA
IP	0.180^{***} （4.714）	-0.026^{***} （-6.134）	0.188^{***} （4.889）
HHI			0.330^{**} （2.499）
Control	控制	控制	控制
R^2	0.018	0.017	0.019
Sobel	0.008^{***}		

由表4-10可以看出，列（2）中，IP 的回归系数显著为负，说明产业政策支持显著提高了受支持行业的行业竞争程度；列（3）中，IP 的回归系数和 HHI 的回归系数都显著，Sobel 检验在 1% 水平显著，说明行业竞争程度在产业政策与企业并购目标公司选择决策之间发挥了部分中介的作用。

4.5 ———————————— 本章小结 ————————————

　　本章选取 2007—2020 年中国沪深 A 股非金融类上市公司作为研究样本，基于产业政策提供的契机，从企业并购决策和并购目标公司选择两个维度，研究产业政策对企业并购行为的影响及其作用机制。

　　本章在资源基础理论、风险代理理论、风险管理理论和市场势力理论的基础上，通过相关分析提出研究假设并进行研究设计。实证研究发现：我国实施的产业政策对微观企业的并购行为具有积极的促进作用，相比未受产业政策支持的企业，受产业政策支持的企业更倾向于做出并购决策，并且更倾向于选择专业化的并购目标公司，进行专业化并购。经过 DID 双重差分等内生性检验、安慰剂检验以及对公司层面进行群聚调整检验等稳健性检验，表明本章研究结论是稳健的。作用机制检验发现，融资约束的缓解和企业风险承担能力的提高在产业政策影响企业并购决策的过程中发挥了部分中介作用；行业竞争度的提高在产业政策影响企业并购目标公司选择的过程中发挥了部分中介作用。

第 5 章
产业政策与企业并购效果研究

5.1 —————————— 引言——————————

　　并购是资本市场研究的重要议题，从微观企业的角度看，并购可以帮助企业加强对资源的整合、加快发展速度、提升企业核心竞争力；从宏观层面的角度看，并购有助于解决产能过剩的问题，优化我国产业结构和提高发展质量与效益。并购价值体现了企业并购战略决策和并购实施的合理性，并购价值是测度并购成功与否的重要指标，它是指企业通过并购重新配置并购双方的资源，产生并购协同效应，提升企业经营效果，增加企业价值。目前我国企业兼并重组的步伐不断加快，并购活动在数量和规模上出现了快速增长，但在实践中很多并购活动并不能实现协同效应，甚至可能导致企业价值损失。并购不能实现价值创造的影响因素有很多，从企业内部来看，出于短期投机的目的进行并购、并购目标企业选择不恰当、并购完成后整合不到位等诸多原因都会损害并购价值（吴志军，2001）；从企业外部来看，企业并购过程也面临重重困境，例如审批流程多、融资困难、机制体制不健全以及负担重等条件限制，都会导致并购不能实现价值创造。

近年来，我国出台一系列产业政策支持企业并购发展，在《国务院关于促进企业兼并重组的意见》中要求，要切实加快转变经济发展方式及调整优化产业结构，提高发展质量与效益，促进企业兼并重组。《国务院关于进一步优化企业兼并重组市场环境的意见》中指出，对审批制度要加快推进其改革进程，优化企业兼并重组审批流程，丰富企业兼并重组融资渠道和支付方式。从以上文件所传达的政策信息可以看出，政府将通过贯彻落实税收优惠政策、增加财政资金的投入、增加金融扶持的力度等多种途径来优化企业兼并重组市场环境，充分发挥促进企业转型重组的功能，加强政府对企业并购和转型重组的引导和政策性扶持。

产业政策的颁布有助于通过直接的财税及信贷支持、间接传递支持信号（何熙琼等，2016；蔡庆丰和田霖，2019），甚至建立或加强政府关联的方式促进企业内外部资本的深度合作（逯东和宋昕倍，2022），影响企业价值，但是否有利于并购价值的创造呢？这仍需实证检验。因此，本章将从并购绩效的角度研究产业政策对并购效果的影响，深入探究两者间的作用机制，进一步拓展并购绩效的影响因素研究和产业政策的并购效应研究。

5.2　理论分析与假设提出

部分国内学者认为，中国实施的产业政策是典型意义上的选择性产业政策，其具有强烈的干预市场、政府选择和限制竞争的管制性特征（江飞涛和李晓萍，2010）。基于"有为政府论"的产业政策，通过强调政府主观选择与支持特定行业的方式，实现引领产业发展转型和结构升级的政策措施。除了通过产业政策直接影响市场，政府还可以通过颁布产业政策向市场传递信号，引导企业做出符合政府规划和导向的决策，将资源引导至政府期望发展的行业（蔡庆丰和田霖，2019）。实际上，对企业并购绩效而言，外部制度环境是重要的影响因素（Andrade 等，2001），那产业政策如何影响并购绩效呢？

1）产业政策对并购绩效提升的积极作用

首先，资源基础观认为，资源是企业形成独特竞争优势、进行技术创新以及提升企业绩效的重要条件。资源基础理论以企业内部资源为分析基础，认为企业的本质是异质性资源的集合体，企业通过对独特资源的分析和运用，来获得和提升企业可持续的竞争优势，从而提升企业绩效。产业政策的扶持，通过影响公司有形资源、财务资源以及无形资源的配置，提升资源的利用效率和并购整合效果，最终影响企业并购绩效。产业政策通过对金融方面的信贷股权融资的放松拓宽了企业的融资渠道，减少了并购企业的融资成本（刘若鸿和黄玖立，2023）；产业政策通过政府补贴和税收优惠以及人力资源、技术等方面的政策资源支持，给企业带来了更多的资源禀赋，降低了企业外部资源获得的成本（吴先明和马子涵，2023），促使企业加大对技术升级的研发投入（刘澄等，2011），提高生产效率。因此，基于产业政策资源效应的分析认为，企业在产业政策的财税补贴等扶持下，取得其他企业短时间内无法模仿的独特资源和竞争优势，提升了行业竞争力，有利于提升并购绩效。

其次，委托代理理论认为，如果企业管理层拥有更多权利，对企业经营决策施加更多影响，可能会基于获得更多超额报酬或扩大声誉等因素进行并购，并把并购作为自己谋求私利的手段（赵息和张西栓，2013；李善民等，2009），从而对并购绩效的提高产生抑制作用。产业政策的支持有助于改善公司治理机制，进而影响并购绩效提升。一是产业政策有助于通过对市场经营环境与预期的影响，间接作用于管理层激励机制，改变管理层对期望报酬和企业风险的态度（王文娜和刘戒骄，2020），促使企业加强治理机制的建设，为并购绩效提升提供治理机制支持；二是产业政策重要工具政府补助中的硬约束，即对补助条件与补助目的有明文规定的约束，有助于限制管理层借助自身职权操纵薪酬的情况（步丹璐和王晓艳，2014），激励高管规范行事，提升企业并购效率，进而提升企业并购绩效。

2）产业政策对并购绩效提升的消极作用

首先，从政府控制理论来看，政府控制权就是政府对企业的控制，在转轨期的中国，政府干预是不可忽视的外部关键制度因素（Chen等，2017）。在政府的干预下，企业可能会出于贯彻国家战略和政策的目的进行并购，为了完成政策性任务，采取非完全市场化的并购行为（钟宁桦等，2019），导致并购交易成本增加，并购整合困难，难以发挥协同效应，不利于并购价值的创造。产业政策带有浓厚的计划经济色彩，同时又有结果导向的特点（黎文靖和郑曼妮，2016），可能诱发企业非理性的并购活动和过度投资行为，最终导致长期并购绩效的降低。

其次，从寻租理论角度来看，由于产业政策的实施，会导致资源更多配置给符合条件的企业，企业会得到来自政府的资金支持以及资源供给上的倾斜和优惠。由于信息不对称性和企业的事前逆向选择行为，企业会对政策产生依赖（安同良等，2009；韩超等，2016；于连超等，2021），这可能导致企业的政策寻租式并购。黎文靖和郑曼妮（2016）研究发现，企业存在利用释放企业创新的信号，以获得政府的选择性产业政策的财税扶持的行为，即重视增加创新研发数量而不改善质量的策略性创新行为。由于产业政策具有选择性特征，在政府资源有限的情况下，为了争夺这些有限的资源，企业可能忽略市场实际状况而采用快速投资的方式来获得政策支持的先发优势（徐思等，2019），所以企业存在追求政府补助和政策红利而进行并购的动机，企业在产业政策的引导下，为追求政策红利，可能存在忽视并购风险的损毁价值式的并购，导致长期并购绩效的降低。

最后，从信号传递理论角度来看，产业政策传递出的政府鼓励支持企业的信号（张新民等，2017），增加了机构投资者的信心，资本市场投资者和分析师会产生比较乐观的情绪，由此可能会带来"羊群效应"而过度投资，使投资效率降低。产业政策及其传导机制所传递的政策信号，可能使管理层盲目自信并过度乐观预估企业发展前景，加剧其对资源配置的认知偏差（毕晓方等，2015），更有可能会进行低收益或者破坏价值式的并购，并购绩效降低。

综上所述，产业政策具有"双刃剑"效应。产业政策的积极效应主要是通过财税以及信贷支持等手段，降低企业获取资源的成本，提升企业竞争力；同时还通过硬约束以及改善市场环境和预期等，来激励高管，改善公司治理机制。产业政策的消极效应主要表现在，在产业政策的支持下，出于寻租的动机，企业可能会为了获得政策红利和补助而采取策略性并购行为，这会使企业陷入以投资换补助的怪圈，同时政府的干预可能会增加企业的政策性负担，导致企业可能为贯彻落实国家战略而进行非理性并购，此外信息不对称带来了投资者过度投资以及高管过度自信，而进行低效益并购。

基于这两种不同的逻辑，关于产业政策对并购绩效的影响，本章提出以下两种对立假设：

H1：产业政策具有积极的并购效应，相比未受产业政策支持的企业，受产业政策支持企业的并购绩效更好。

H2：产业政策具有消极的并购效应，相比未受产业政策支持的企业，受产业政策支持企业的并购绩效更差。

5.3 ————————研究设计————————

5.3.1 样本选择与数据来源

本章选取 2007—2020 年中国沪深 A 股发生并购事件的上市公司作为研究样本，并对样本做如下处理：（1）保留交易地位为买方的样本；（2）删除 ST、*ST 或 PT 等处于非正常交易状态的样本、金融行业以及数据缺失的样本；（3）删除重组类型编码为债务重组、资产剥离、资产置换、股份回购的样本，剔除土地、资产购置等资产收购交易，只保留股权收购；（4）删除关联交易样本；（5）剔除交易未成功的样本；（6）对于同一企业在同一年份进行多次并购并且并购标的相同的样本进行合并；（7）对于同一企业在同一年份进行多次并购并且并购标的不同的样本，仅保留交易金额最大的样本。通过整理共得到 5 212 个公司年度样本观测值，其中受重点产业政策支持的样本 1 655 个，不受重点产业政策支持的样本 3 557 个，本章使用的数据来自 CSMAR 数据库。

5.3.2 变量解释

1）被解释变量

并购绩效是本章的被解释变量，用来表征并购效果。关于并购绩效的度量，Cai 和 Sevilir（2012）研究董事会关系与并购时，采用并购前后三年的总资产收益率变化值衡量绩效。陈仕华等（2013）的研究中用购买并持有超常收益（BHAR）和总资产收益率变化值（ΔROA）度量并购绩效，其中 ΔROA 为并购交易前后两年总资产收益率的变化值。吴超鹏等（2008）采用并购完成之后一年的总资产营业利润率减去并购前一年的总资产营业利润率的差值，来度量并购行为对经营绩效的影响。周绍妮等（2017）在研究机构投资者持股对国企并购绩效的影响时，并购绩效采用剔除行业因素影响的变化量，即并购首次公告日前后一年净资产收益率的差额。

本章借鉴上述研究，分别使用并购前后一年经行业调整的净资产收益率 ROE 之差、总资产收益率 ROA 之差和并购前后两年经行业调整的净资产收益率 ROE 之差、总资产收益率 ROA 之差来度量长期并购绩效，具体用 ΔROE_1、ΔROA_1、ΔROE_2、ΔROA_2 表示。

2）解释变量

产业政策是本章核心解释变量，用 IP 表示。与第 4 章相同，本章借鉴 Chen 等（2017）、杨兴全等（2018）的研究，采用虚拟变量法将产业政策指标量化。以《中华人民共和国国民经济和社会发展第十一个五年规划纲要》、《中华人民共和国国民经济和社会发展第十二个五年规划纲要》和《中华人民共和国国民经济和社会发展第十三个五年规划纲要》中关于相关行业发展规划的论述为依据，如果某企业处于产业政策鼓励支持行业，则 IP1 取值为 1，否则 IP1 取值为 0；如果某企业处于产业政策重点支持行业，则 IP2 取值为 1，否则 IP2 取值为 0。

3）控制变量

借鉴陈仕华等（2013）、周绍妮等（2017）等的研究，本章对公司治理特征变量、财务特征变量、并购交易特征变量等变量进行控制。具体控制变量为：现金流量（OCF）、财务杠杆（LEV）、企业成长性（GROW）、盈利能力（ROE）、企业规模（SIZE）、独立董事比例（PND）、董事会规模（SCALE）、两职兼任（DUAL）、市账比（MB）、公司年龄（AGE）、产权性质（SOE）、并购交易规模（MASize）、支付方式（MAPay）、重大资产重组（MAMajor）、年度（Year）。具体变量定义见表 5-1。

表5-1   变量定义表

变量名称	符号	定义
并购绩效	ΔROA_1	并购前后一年经行业调整的总资产收益率的变化
	ΔROA_2	并购前后两年经行业调整的总资产收益率的变化
	ΔROE_1	并购前后一年经行业调整的净资产收益率的变化
	ΔROE_2	并购前后两年经行业调整的净资产收益率的变化
产业政策	IP1	如公司属于受产业政策鼓励支持行业，IP1 取值为 1；否则为 0
	IP2	如公司属于受产业政策重点支持行业，IP2 取值为 1；否则为 0
现金流量	OCF	年经营性现金净流量除以年末总资产
财务杠杆	LEV	年末资产负债率
企业成长性	GROW	年营业收入增长率
盈利能力	ROE	年末净资产除以净利润
企业规模	SIZE	年末总资产的自然对数
独立董事比例	PND	年末独立董事占董事会人数之比
董事会规模	SCALE	年末董事会人数的自然对数
两职兼任	DUAL	年末总经理和董事长两职兼任，则取值为 1；否则取值为 0
市账比	MB	年末的股票市场价格与总资产账面价值的比值
公司年龄	AGE	年末公司成立年限的自然对数
产权性质	SOE	如果是国有公司，取值为 0；否则取值为 1
并购交易规模	MASize	并购支付价值与主并方上年末总资产比值
支付方式	MAPay	如果是现金支付，取值为 1；否则为 0
重大资产重组	MAMajor	如果是重大资产重组，取值 1；否则为 0
年度	Year	年度虚拟变量

5.3.3 模型设计

为检验产业政策对并购绩效的影响，建立模型（5-1）。模型中，Performance 表示并购绩效，具体回归时分别用 ΔROA_1、ΔROA_2、ΔROE_1、ΔROE_2 四个变量；IP 表示产业政策，具体回归时分别用 IP1 和 IP2；其他控制变量见表 5-1。如果模型（5-1）回归结果显示 IP 的系数显著为正，则假设 H1 成立；反之，如果 IP 的回归系数显著为负，则假设 H2 成立。为避免反向因果等可能存在的内生性问题，在回归时控制变量取滞后一期值；为避免极端值的影响，对所有连续变量进行上下 1% 的 Winsorize 处理；为控制异方差，对模型均进行 Robust 回归。

$$
\begin{aligned}
Performance = {} & \alpha_0 + \alpha_1 IP + \alpha_2 OCF + \alpha_3 LEV + \alpha_4 GROW + \alpha_5 ROE + \\
& \alpha_6 SIZE + \alpha_7 PND + \alpha_8 SCALE + \alpha_9 DUAL + \alpha_{10} MB + \\
& \alpha_{11} AGE + \alpha_{12} SOE + \alpha_{13} MASize + \alpha_{14} MAPay + \\
& \alpha_{15} MAMajor + \sum Year + \varepsilon
\end{aligned} \tag{5-1}
$$

5.4　　实证结果分析

5.4.1　描述性统计

表 5-2 是对并购绩效、产业政策和相关控制变量等进行的描述性统计，Panel A 列示相关变量的描述性统计，Panel B 列示了按重点产业政策分组后，受重点产业政策支持组和不受重点产业政策支持组的相关变量均值和中位数差异检验。

根据 Panel A 描述性统计结果，并购绩效四个变量（ΔROA_1、ΔROA_2、ΔROE_1、ΔROE_2）的均值均为负，表明大部分发生并购的企业在并购后 1～2 年内业绩都有所下降，长期并购绩效不佳。产业政策 IP1 和 IP2 的均值分别为 0.584 和 0.318，约 58.4% 的企业获得产业政策鼓励支持，约 31.8% 的企业获得产业政策重点支持。Panel B 是按照重点产业政策 IP2 分组后的变量均值和中位数差异检验，并购绩效中四个变量（ΔROA_1、ΔROA_2、ΔROE_1、ΔROE_2）的均值都具有显著差异，三个变量（ΔROA_2、ΔROE_1、ΔROE_2）的中位数具有显著差异，产业政策支持组的并购绩效显著高于非产业政策支持组，初步为产业政策支持提升并购绩效的假设提供了一定依据。

表5-2 描述性统计

Panel A：主要变量总体描述性统计						
Variable	N	Mean	SD	Min	P50	Max
ΔROA_1	5 212	−0.008	0.081	−0.379	−0.003	0.345
ΔROA_2	5 212	−0.014	0.091	−0.408	−0.008	0.340
ΔROE_1	5 212	−0.014	0.314	−1.720	0.001	1.286
ΔROE_2	5 212	−0.017	0.343	−1.743	−0.002	1.313
IP1	5 212	0.584	0.493	0	1	1
IP2	5 212	0.318	0.466	0	0	1
OCF	5 212	0.651	0.457	0.102	0.532	2.701
LEV	5 212	0.428	0.201	0.051	0.426	0.861
GROW	5 212	0.241	0.447	−0.518	0.159	2.710
ROE	5 212	0.081	0.081	−0.269	0.078	0.310
SIZE	5 212	22.00	1.152	19.93	21.84	25.54
PND	5 212	0.372	0.051	0.308	0.333	0.571
SCALE	5 212	2.139	0.200	1.609	2.197	2.708
DUAL	5 212	0.287	0.452	0	0	1
MB	5 212	0.603	0.232	0.127	0.602	1.096
AGE	5 212	2.634	0.411	1.386	2.639	3.401
SOE	5 212	0.659	0.474	0	1	1
MASize	5 212	0.073	0.167	0	0.016	1.102
MAPay	5 212	0.918	0.275	0	1	1
MAMajor	5 212	0.052	0.222	0	0	1

续表

	Panel B：不同产业政策下的主要变量均值和中位数差异					
分组	IP2=0（N=3557）		IP2=1（N=1655）		差异	
Variable	Mean	Med	Mean	Med	MeanDiff	Med Diff
ΔROA_1	−0.009	−0.004	−0.005	−0.002	−0.005*	0.745
ΔROA_2	−0.016	−0.008	−0.009	−0.005	−0.007***	3.741**
ΔROE_1	−0.020	−0.004	0	0.012	−0.021**	19.66***
ΔROE_2	−0.032	−0.008	0.013	0.011	−0.045***	18.62***
OCF	0.679	0.547	0.593	0.513	0.086***	10.52***
LEV	0.451	0.457	0.379	0.368	0.071***	107.84***
GROW	0.239	0.149	0.243	0.175	−0.004	9.393***
ROE	0.081	0.077	0.081	0.078	0	0.964
SIZE	22.05	21.89	21.89	21.73	0.157***	22.95***
PND	0.371	0.333	0.375	0.357	−0.004**	3.296*
SCALE	2.141	2.197	2.134	2.197	0.008	0.639
DUAL	0.263	0	0.337	0	−0.073***	29.07***
MB	0.625	0.626	0.555	0.540	0.071***	67.93***
AGE	2.649	2.708	2.602	2.639	0.047***	6.020**
SOE	0.645	1	0.691	1	−0.046***	
MASize	0.069	0.015	0.082	0.019	−0.013***	13.83***
MAPay	0.925	1	0.902	1	0.023***	
MAMajor	0.048	0	0.0600	0	−0.011*	3.011*

注：*、**、***分别代表变量组间差异在10%、5%和1%的水平上显著。

5.4.2 基准回归结果分析

为实证检验产业政策对并购绩效的影响，利用模型（5-1）进行回归，结果见表5-3，列（1）～（4）是鼓励产业政策 IP1 对并购绩效四个变量的回归结果，列（5）～（8）是重点产业政策 IP2 对并购绩效四个变量的回归结果。从表5-3可以看出，鼓励产业政策 IP1 的回归系数仅在第（4）列显著为正，重点产业政策 IP2 的回归系数在第（5）～（8）列都显著为正，表明产业政策尤其是重点产业政策有利于并购后一年和并购后两年内的长期并购绩效的提升，产业政策具有积极的并购效应，假设H1得到验证。产业政策积极的并购效应可能是由于产业政策的资源效应导致的，也可能是由于产业政策的治理效应导致的，这将在后面机制检验部分对此进行进一步研究。

表5-3　　　　　　　　　　　　　并购绩效的回归结果

变量	(1) ΔROA_1	(2) ΔROA_2	(3) ΔROE_1	(4) $\Delta ROE2$	(5) ΔROA_1	(6) ΔROA_2	(7) ΔROE_1	(8) ΔROE_2
IP1	0.002	0.003	0.003	0.019*				
	(0.991)	(1.190)	(0.298)	(1.932)				
IP2					0.006**	0.008***	0.018**	0.034***
					(2.385)	(2.890)	(2.087)	(3.359)
OCF	0.009***	0.008***	0.015	0.003	0.009***	0.008***	0.015	0.001
	(4.559)	(3.100)	(1.305)	(0.282)	(4.723)	(3.170)	(1.401)	(0.127)
LEV	0.017**	0.029***	−0.036	−0.029	0.018***	0.031***	−0.033	−0.023
	(2.458)	(3.466)	(−1.299)	(−0.802)	(2.617)	(3.637)	(−1.159)	(−0.648)
GROW	−0.001	0.001	−0.010	0.001	−0.000	0.000	−0.010	0.001
	(−0.122)	(0.008)	(−1.010)	(0.059)	(−0.119)	(0.011)	(−1.025)	(0.084)
ROE	−0.273***	−0.018	−0.607***	0.083	−0.272***	−0.017	−0.604***	0.088
	(−14.126)	(−0.924)	(−7.958)	(1.029)	(−14.116)	(−0.857)	(−7.938)	(1.100)
SIZE	0.005***	−0.002	0.019***	−0.002	0.005***	−0.002	0.018***	−0.002
	(4.019)	(−1.240)	(3.382)	(−0.292)	(3.930)	(−1.347)	(3.300)	(−0.370)
PND	−0.008	0.020	−0.161	0.069	−0.009	0.018	−0.166	0.061
	(−0.309)	(0.716)	(−1.528)	(0.667)	(−0.363)	(0.647)	(−1.569)	(0.590)
SCALE	−0.001	0.008	−0.031	0.015	−0.002	0.007	−0.033	0.013
	(−0.224)	(1.023)	(−1.215)	(0.528)	(−0.280)	(0.960)	(−1.260)	(0.463)
DUAL	−0.001	−0.003	−0.007	−0.020*	−0.000	−0.003	−0.007	−0.020*
	(−0.095)	(−1.063)	(−0.655)	(−1.737)	(−0.137)	(−1.112)	(−0.712)	(−1.755)
MB	−0.020***	−0.004	−0.079***	−0.042	−0.018**	−0.002	−0.072***	−0.034
	(−2.801)	(−0.588)	(−3.070)	(−1.442)	(−2.531)	(−0.243)	(−2.838)	(−1.167)

续表

变量	(1) ΔROA_1	(2) ΔROA_2	(3) ΔROE_1	(4) $\Delta ROE2$	(5) ΔROA_1	(6) ΔROA_2	(7) ΔROE_1	(8) ΔROE_2
AGE	-0.002	0.000	-0.006	0.015	-0.002	0.001	-0.005	0.015
	(-0.611)	(0.124)	(-0.525)	(1.083)	(-0.531)	(0.224)	(-0.421)	(1.134)
SOE	0.000	-0.008***	-0.003	-0.006	0.000	-0.008***	-0.002	-0.006
	(0.110)	(-2.858)	(-0.298)	(-0.499)	(0.165)	(-2.803)	(-0.226)	(-0.492)
MASize	0.004	-0.025**	-0.044	-0.066	0.004	-0.025**	-0.043	-0.064
	(0.375)	(-2.008)	(-1.405)	(-1.492)	(0.399)	(-1.987)	(-1.379)	(-1.468)
MAPay	-0.003	-0.010	-0.027	-0.035	-0.002	-0.010	-0.027	-0.035
	(-0.534)	(-1.642)	(-1.437)	(-1.577)	(-0.522)	(-1.635)	(-1.414)	(-1.579)
MAMajor	0.007	0.016*	0.025	0.016	0.007	0.016*	0.025	0.017
	(0.960)	(1.695)	(0.973)	(0.512)	(0.980)	(1.723)	(0.989)	(0.536)
_cons	-0.104***	-0.020	-0.181	-0.125	-0.102***	-0.018	-0.179	-0.112
	(-3.273)	(-0.574)	(-1.345)	(-0.898)	(-3.241)	(-0.514)	(-1.331)	(-0.806)
Year	Yes	Yes	Yes	Yes	Yes	Yes	Yes	Yes
N	5 212	5 212	5 212	5 212	5 212	5 212	5 212	5 212
Adj-R^2	0.117	0.034	0.066	0.032	0.118	0.036	0.067	0.033
F	16.356	5.567	10.959	6.376	16.388	5.594	11.067	6.470

注：括号内为T统计量，*、**、***分别表示回归系数在10%、5%和1%的水平上显著，下同。

5.4.3　稳健性检验

鉴于基准回归结果显示，并购绩效变量受重点产业政策IP2的影响更为显著，所以本章后面的稳健性检验和机制检验，产业政策 IP 变量都仅使用IP2。

1）内生性检验

用双重差分 DID 模型进行内生性检验。将国家五年规划的出台设置为政策冲击事件，进行准自然实验研究，使用 2007—2020 年 A 股发生并购事件的上市公司作为研究样本，通过构建双重差分模型（5-2）进行内生性检验，来验证本章基准回归的稳健性。为使模型（5-2）的结果更可靠，对控制变量进行滞后一期处理，对所有连续变量在1%的水平上进行缩尾处理。

$$
\begin{aligned}
Performance = {} & \beta_0 + \beta_1 TREAT + \beta_2 POST + \beta_3 TREAT*POST + \\
& \beta_4 OCF + \beta_5 LEV + \beta_6 GROW + \beta_7 ROE + \beta_8 SIZE + \\
& \beta_9 PND + \beta_{10} SCALE + \beta_{11} DUAL + \beta_{12} MB + \beta_{13} AGE + \\
& \beta_{14} SOE + \beta_{15} MASize + \beta_{16} MAPay + \beta_{17} MAMajor + \\
& \sum Year + \mu
\end{aligned}
\tag{5-2}
$$

模型（5-2）中，Performance 表示并购绩效，实际回归时分别用 ΔROA_1、ΔROA_2、ΔROE_1、ΔROE_2 四个变量。TREAT 为政策虚拟变量，当 TREAT=1 时表示实验组，其含义为主并公司所在行业仅受后五年规划重点产业政策支持而未受前五年规划重点产业政策支持；TREAT=0 表示控制组，其含义为企业既不受前五年规划重点产业政策支持也不受后五年规划重点产业政策支持。POST 为时间虚拟变量，用来划分政策的时间范畴，对于 2007—2015 年的研究样本，以 2011 年"十二五"规划出台为界，当处于 2011—2015 年时 POST=1，处于 2007—2010 年时 POST=0。对于 2011—2020 年的研究样本，以 2016 年"十三五"规划出台为界，当处于 2016—2020 年时 POST=1，处于 2011—2015 年时 POST=0。

表5-4报告了产业政策对并购绩效的双重差分回归结果，基于"十二五"规划出台的 DID 回归结果 Panel A 显示，对于 ΔROE_1，交乘项 TREAT*POST 的回归系数显著为正；基于"十三五"规划出台的 DID 回归结果 Panel B 显示，对于 ΔROA_1 和 ΔROE_2，交乘项 TREAT*POST 的回归系数显著为正；DID 的回归结果表明重点产业政策的出台，能显著影响主并公司并购绩效的提升，说明基准回归的稳健性，即相对于不受重点产业政策支持的企业，受重点产业政策支持的企业并购绩效更好。

2）群聚调整检验

为控制自相关，对回归模型的标准误均进行了公司层面的群聚调整检验，对模型（5-1）重新回归。根据表5-5中列（1）～（4）的回归结果可以看出，IP2 变量回归系数方向和显著性与基准回归基本一致，回归结果表明基准回归具有稳健性。

表5-4 双重差分DID检验

| Panel A：基于"十二五"规划的 DID 检验 | | | | |

变量	（1）ΔROA_1	（2）ΔROA_2	（3）ΔROE_1	（4）ΔROE_2
TREAT	0.012[*]	0.013[*]	−0.031	0.014
	（1.725）	（1.755）	（−1.303）	（0.555）
POST	−0.033[***]	0.015[**]	−0.063[***]	0.179[***]
	（−4.041）	（2.018）	（−3.184）	（5.372）
TREAT*POST	−0.001	0.001	0.055[**]	0.007
	（−0.135）	（0.040）	（2.233）	（0.248）
_cons	−0.117[**]	−0.021	−0.216[**]	−0.118
	（−2.563）	（−0.464）	（−2.212）	（−0.737）
控制变量	控制	控制	控制	控制
Year	Yes	Yes	Yes	Yes
Adj−R^2	0.139	0.055	0.118	0.057
F	11.988	5.046	12.649	6.026

| Panel B：基于"十三五"规划的 DID 检验 | | | | |

变量	（1）ΔROA_1	（2）ΔROA_2	（3）ΔROE_1	（4）ΔROE_2
TREAT	−0.012[*]	0.009	−0.041	−0.036
	（−1.912）	（1.051）	（−1.394）	（−0.970）
POST	−0.019[***]	−0.012[*]	−0.001	−0.150[***]
	（−3.310）	（−1.784）	（−0.028）	（−3.910）
TREAT*POST	0.017[**]	−0.001	0.053	0.105[**]
	（2.311）	（−0.047）	（1.521）	（2.471）
_cons	−0.037	0.033	−0.019	0.090
	（−1.079）	（0.747）	（−0.088）	（0.425）
控制变量	控制	控制	控制	控制
Year	Yes	Yes	Yes	Yes
Adj−R^2	0.089	0.030	0.053	0.021
F	10.702	4.301	5.750	3.608

表5-5　　　　　　　　　群聚调整检验与替换变量检验

变量	（1）ΔROA₁	（2）ΔROA₂	（3）ΔROE₁	（4）ΔROE₂	（5）BHAR
IP2	0.006**	0.008***	0.018**	0.034***	0.044**
	（2.373）	（2.860）	（2.161）	（3.352）	（2.050）
OCF	0.009***	0.008***	0.015	0.001	0.029
	（4.560）	（3.198）	（1.392）	（0.133）	（1.451）
LEV	0.018***	0.031***	−0.033	−0.023	−0.012
	（2.621）	（3.440）	（−1.191）	（−0.660）	（−0.209）
GROW	−0.001	0.001	−0.010	0.001	−0.033*
	（−0.118）	（0.011）	（−1.064）	（0.087）	（−1.819）
ROE	−0.272***	−0.017	−0.604***	0.088	0.209**
	（−13.801）	（−0.859）	（−7.886）	（1.054）	（2.193）
SIZE	0.005***	−0.002	0.018***	−0.002	−0.011
	（3.881）	（−1.302）	（3.470）	（−0.373）	（−0.904）
PND	−0.009	0.018	−0.166	0.061	−0.150
	（−0.350）	（0.638）	（−1.570）	（0.581）	（−0.657）
SCALE	−0.002	0.007	−0.033	0.013	−0.008
	（−0.270）	（0.954）	（−1.268）	（0.470）	（−0.137）
DUAL	−0.001	−0.003	−0.007	−0.020*	0.001
	（−0.134）	（−1.092）	（−0.701）	（−1.723）	（0.036）
MB	−0.018**	−0.002	−0.072***	−0.034	0.170***
	（−2.491）	（−0.239）	（−2.858）	（−1.194）	（2.836）
AGE	−0.002	0.001	−0.005	0.015	−0.004
	（−0.543）	（0.220）	（−0.424）	（1.111）	（−0.126）
SOE	0.000	−0.008***	−0.002	−0.006	0.029
	（0.162）	（−2.689）	（−0.237）	（−0.509）	（1.361）
MASize	0.004	−0.025**	−0.043	−0.064	0.302***
	（0.402）	（−2.015）	（−1.359）	（−1.484）	（3.214）
MAPay	−0.002	−0.010*	−0.027	−0.035	−0.015
	（−0.527）	（−1.654）	（−1.432）	（−1.593）	（−0.363）
MAMajor	0.007	0.016*	0.025	0.017	0.012
	（0.971）	（1.737）	（0.982）	（0.541）	（0.173）
_cons	−0.102***	−0.018	−0.179	−0.112	0.214
	（−3.226）	（−0.485）	（−1.423）	（−0.808）	（0.761）
Year	Yes	Yes	Yes	Yes	Yes
Adj-R²	0.118	0.036	0.067	0.033	0.030
F	14.609	5.448	11.244	5.983	3.415

3）替换变量检验

借鉴陈仕华等（2013）的研究，用购买并持有超常收益（BHAR）来衡量并购绩效。为验证产业政策支持对并购后市场绩效的影响，根据 CSMAR 数据库中考虑现金再投资红利的个股收益率，计算主并公司并购事件发生后 12 个月的个股累积超常收益率 BHAR，替代 ROA 和 ROE 之差来测度并购绩效，利用模型（5-1）的回归结果见表 5-5 列（5）。产业政策对 BHAR 的回归系数显著为正，验证了假设 H1。回归结果显示，产业政策对并购绩效的提升效果不仅作用于财务绩效，对并购后的市场绩效仍有显著的提升效果，进一步表明了产业政策具有积极的并购效应，回归结果具有稳健性。

5.4.4　机制检验

1）基于资源效应的作用机制

前文通过资源基础观的分析指出，产业政策支持可能影响公司资源的配置，提升并购后资源的利用率，并最终创造并购价值，增加并购绩效。本部分以税收优惠作为政府资源的替代变量，检验产业政策影响并购绩效的资源效应机制。在并购过程中，受产业政策支持的企业如果享受税收优惠，一方面，可以通过额外补偿机制，对企业并购涉及的资产评估增值、债务重组收益、土地房屋权属转移等给予税收优惠，降低并购交易成本；另一方面，税收优惠能够增强企业并购后的财务风险分担能力，从而有利于并购后公司价值的提升。此外，行业性税收优惠具有较强的辐射力和延展性，能为企业争取更多的后续政策支持，以提升并购后企业的整合能力，进而提高并购绩效。综上，产业政策可能通过影响企业的税收优惠进而对企业并购绩效产生影响，税收优惠在产业政策与企业并购绩效之间起到了中介作用。为检验税收优惠的资源效应机制作用，借鉴张娥等（2019）的方法，构建模型（5-3）：

$$
\begin{aligned}
Performance = &\ \lambda_0 + \lambda_1 IP + \lambda_2 TAX + \lambda_3 IP*TAX + \lambda_4 OCF + \lambda_5 LEV + \\
&\ \lambda_6 GROW + \lambda_7 ROE + \lambda_8 SIZE + \lambda_9 PND + \lambda_{10} SCALE + \\
&\ \lambda_{11} DUAL + \lambda_{12} MB + \lambda_{13} AGE + \lambda_{14} SOE + \lambda_{15} MASize + \\
&\ \lambda_{16} MAPay + +\lambda_{17} MAMajor + \sum Year + \varepsilon
\end{aligned}
\tag{5-3}
$$

税收优惠变量用 TAX 表示，取值为企业所得税费用除以息税前利润，

TAX越小，说明企业获得的税收优惠强度越大（陈红等，2019）。若模型（5-3）中产业政策与税收优惠的交乘项回归系数 λ_3 显著为负，则表明产业政策通过税收优惠影响受支持企业的并购绩效，回归结果见表5-6。

表5-6 资源效应的机制检验

变量	（1）ΔROA_1	（2）ΔROA_2	（3）ΔROE_1	（4）ΔROE_2
IP2	0.007***	0.009***	0.020**	0.035***
	(2.723)	(3.020)	(2.330)	(3.426)
TAX	0.025**	0.001	0.084**	−0.010
	(2.314)	(0.089)	(2.158)	(−0.196)
IP*TAX	−0.003	−0.004**	−0.004	−0.009
	(−1.150)	(−2.152)	(−0.823)	(−1.234)
OCF	0.009***	0.008***	0.014	0.002
	(4.548)	(3.190)	(1.321)	(0.168)
LEV	0.020***	0.030***	−0.039	−0.025
	(2.867)	(3.590)	(−1.436)	(−0.710)
GROW	−0.001	0.001	−0.009	0.001
	(−0.116)	(0.014)	(−0.964)	(0.081)
ROE	−0.277***	−0.016	−0.601***	0.095
	(−14.209)	(−0.808)	(−8.074)	(1.171)
SIZE	0.005***	−0.002	0.019***	−0.002
	(3.835)	(−1.322)	(3.426)	(−0.339)
PND	−0.010	0.017	−0.160	0.060
	(−0.398)	(0.625)	(−1.534)	(0.588)
SCALE	−0.002	0.007	−0.031	0.012
	(−0.253)	(0.926)	(−1.219)	(0.428)
DUAL	−0.001	−0.004	−0.006	−0.021*
	(−0.176)	(−1.166)	(−0.655)	(−1.825)
MB	−0.019***	−0.002	−0.070***	−0.032
	(−2.711)	(−0.222)	(−2.794)	(−1.077)
AGE	−0.002	0.001	−0.006	0.016
	(−0.652)	(0.233)	(−0.501)	(1.138)
SOE	0.001	−0.008***	−0.001	−0.006
	(0.230)	(−2.763)	(−0.079)	(−0.487)

76

续表

变量	（1） ΔROA_1	（2） ΔROA_2	（3） ΔROE_1	（4） ΔROE_2
MASize	0.003	−0.025**	−0.043	−0.063
	(0.270)	(−1.979)	(−1.419)	(−1.444)
MAPay	−0.002	−0.009	−0.025	−0.034
	(−0.443)	(−1.597)	(−1.353)	(−1.551)
MAMajor	0.007	0.016*	0.026	0.017
	(1.052)	(1.734)	(1.061)	(0.543)
_cons	−0.103***	−0.019	−0.207	−0.113
	(−3.241)	(−0.529)	(−1.565)	(−0.816)
Year	Yes	Yes	Yes	Yes
Adj-R^2	0.118	0.036	0.067	0.033
F	15.490	5.398	10.757	6.189

表 5-6 的结果显示，列（2）中 IP 与 TAX 交乘项的回归系数在 5% 水平下显著，回归结果与预期基本相符，说明产业政策对并购绩效的影响可以通过税收优惠发挥资源效应的机制作用。

2）基于治理效应的作用机制

基于委托代理理论，在信息不对称的情况下解决委托人和代理人之间的利益矛盾，以期通过契约把代理成本降到最低，解决代理问题。基于委托代理理论，管理者基于自身私利的考量，很可能会进行一些损害公司利益的机会主义行为。产业政策的支持，有助于通过高管激励和高管行为约束来缓解股东与管理层之间的代理冲突，改善公司治理机制。首先，产业政策有助于通过对市场经营环境与预期的影响，间接作用于高管激励机制，改变高管的期望报酬，进而促使高管更加注重公司业绩。其次，产业政策中的硬约束，即对补助条件与补助目的有明文规定的约束，有助于限制高管借助自身职权，用补助操纵薪酬的情况，进而避免短视的机会主义行为损害公司的并购绩效。综上，产业政策可能通过改善公司治理机制而对企业并购绩效产生影响，公司治理机制可能在产业政策与企业并购绩效之间起到了中介作用。为验证公司治理机制的作用，借鉴张娆等（2019）的方法，构建了模型（5-4）：

$$Performance = \kappa_0 + \kappa_1 IP + \kappa_2 AGENCY + \kappa_3 IP*AGENCY + \kappa_4 OCF + $$
$$\kappa_5 LEV + \kappa_6 GROW + \kappa_7 ROE + \kappa_8 SIZE + \kappa_9 PND + $$
$$\kappa_{10} SCALE + \kappa_{11} DUAL + \kappa_{12} MB + \kappa_{13} AGE + \kappa_{14} SOE + $$
$$\kappa_{15} MASize + \kappa_{16} MAPay + \kappa_{17} MAMajor + \sum Year + \varepsilon$$

(5-4)

公司治理机制的替代变量用代理成本 AGENCY 表示，取值为年度管理费用除以营业收入的对数值，AGENCY 越大，说明企业的代理成本越高，代理冲突越激烈（李寿喜，2007）。若模型（5-4）中产业政策 IP 与 AGENCY 交乘项回归系数 κ_3 显著，则说明产业政策通过影响公司治理机制而影响受支持企业的并购绩效，该作用机制回归结果见表5-7。

表5-7　　　　　　　　　　公司治理的机制检验

变量	(1) ΔROA_1	(2) ΔROA_2	(3) ΔROE_1	(4) ΔROE_2
IP2	0.012	0.030***	0.074**	0.146***
	(1.349)	(3.224)	(2.412)	(4.722)
AGENCY	−0.003*	−0.004**	−0.030***	−0.028***
	(−1.792)	(−2.017)	(−3.735)	(−3.055)
IP*AGENCY	0.002	0.008***	0.019*	0.041***
	(0.767)	(2.726)	(1.713)	(3.753)
OCF	0.007***	0.006**	−0.003	−0.012
	(3.056)	(2.273)	(−0.247)	(−0.951)
LEV	0.016**	0.027***	−0.038	−0.028
	(2.295)	(3.164)	(−1.303)	(−0.750)
GROW	−0.001	0.000	−0.013	−0.002
	(−0.270)	(0.003)	(−1.330)	(−0.102)
ROE	−0.267***	−0.014	−0.618***	0.094
	(−13.580)	(−0.682)	(−7.936)	(1.117)
SIZE	0.005***	−0.002	0.016***	−0.005
	(3.563)	(−1.501)	(2.691)	(−0.795)
PND	−0.018	0.014	−0.170	0.069
	(−0.684)	(0.474)	(−1.582)	(0.639)
SCALE	−0.003	0.004	−0.029	0.014
	(−0.467)	(0.535)	(−1.086)	(0.479)
DUAL	−0.001	−0.004	−0.009	−0.021*
	(−0.317)	(−1.271)	(−0.920)	(−1.781)

变量	（1） ΔROA₁	（2） ΔROA₂	（3） ΔROE₁	（4） ΔROE₂
MB	−0.018**	0.000	−0.092***	−0.044
	（−2.346）	（0.042）	（−3.386）	（−1.385）
AGE	−0.002	0.001	−0.006	0.015
	（−0.498）	（0.394）	（−0.543）	（1.069）
SOE	−0.000	−0.009***	−0.003	−0.009
	（−0.045）	（−3.014）	（−0.262）	（−0.747）
MASize	0.004	−0.025**	−0.045	−0.063
	（0.433）	（−1.968）	（−1.440）	（−1.402）
MAPay	−0.003	−0.009	−0.025	−0.029
	（−0.544）	（−1.506）	（−1.291）	（−1.298）
MAMajor	0.007	0.017*	0.028	0.021
	（0.952）	（1.761）	（1.070）	（0.661）
_cons	−0.099***	−0.014	−0.179	−0.120
	（−3.054）	（−0.378）	（−1.298）	（−0.831）
Year	Yes	Yes	Yes	Yes
Adj-R²	0.117	0.037	0.067	0.035
F	14.679	5.336	9.664	6.068

表 5-7 中列（2）～（4）结果显示，IP*AGENCY 的回归系数至少在 5% 水平下显著，说明公司治理机制发挥了作用，即产业政策能够通过影响受产业政策支持企业的公司治理，而影响企业的并购绩效。

5.5　本章小结

　　并购是企业实现规模扩张和高质量发展的重要途径，是企业理性目标下的谨慎选择，能使企业快速获得发展所需的各种资源、技术或市场，企业通过有效的并购整合，实现协同效应，促进并购价值的创造，但并非所有并购都能实现价值的创造。产业政策对并购价值创造的影响是检验产业政策并购效应的重要维度。本章选取 2007—2020 年发生并购事件的中国沪深 A 股非金融类上市公司作为研究样本，以经行业调整的净资产收益率和总资产收益率变化作为并购绩效的替代变量,检验产业政策对并购效果的影响。实证研究发现,产业政策具有积极的并购效应,受产业政策支持的企业具有更高的长期并购绩效。经过 DID 双重差分等内生性检验、替换变量检验以及对公司层面进行群聚调整检验等稳健性检验,表明研究结论的稳健性。

对于产业政策提升并购绩效的机制,研究发现,产业政策对并购企业绩效的提升主要通过资源效应机制和治理效应机制的作用来实现。与西方成熟的资本市场不同,中国政府的宏观调控与市场的"自然选择"并存,相辅相成,产业政策具有积极的并购效应,有利于并购绩效的提升。

第 6 章

高管团队异质性与产业政策的并购效应研究

6.1 ———————— 引言 ————————

　　以"五年规划"为主要依托的产业政策是中国特色社会主义市场经济和现代化建设的一个鲜明特色（钟宁桦等，2019），运用国家产业政策的支持，实施企业并购活动是实现"弯道超车"和"外延式增长"、发展规模经济和范围经济的一种有效手段。第 4 章和第 5 章已分别探讨了产业政策对企业并购行为和并购绩效的影响，实证结果显示，受产业政策支持的企业更倾向于做出并购决策，这些企业在选择并购目标企业时更倾向于做出专业化并购决策并表现出更优的并购绩效。然而，在企业做出并购决策的过程中，高管团队对产业政策的解读与运用是影响产业政策效果的关键。所以，本章检验高管团队异质性对产业政策并购效应的影响。

　　自 Hambrick 和 Mason 在 1984 年提出"高层梯队理论"后，对高管团队的性别、年龄以及教育水平等人口背景特征的研究逐渐丰富，现有研究表明，高管团队异质性会对企业绩效、公司战略、企业投资、风险承担和企业创新等产生重要影响。从心理学角度来看，人口背景的统计学特征是其心理反应的代理变量，不同背景特征的高管团队成员的认知水平、理解能力、判断能力等内在心理活动存在差异，并通过人口背景特征反映出来，进而在公司行为上打上烙印。Pfeffer（1983）建立了有关组织人口特征模型，研究发现，高管团队中的人口特征异质性会作用于高管团队的社会化进程，进而影响高管团队的稳定性，最终对企业绩效产生影响。为进一步研究高管团队异质性如何影响企业绩效，学者们分别从高管团队任期异质性、年龄异质性、性别异质性、教育异质性等角度进行了研究。但是，现有文献关于高管团队异质性对企业绩效的影响存在两种截然相反的观点。

积极观点认为，高管团队异质性促进了企业绩效的提升。Finkelstein（1992）基于认知理论认为高管团队异质性使得高管成员具有不同的认知，高管团队的异质性程度越高，团队内部成员的知识技能越丰富，越可能提供更多差异化的知识和经验，有助于产生更多样的决策方案，从而有利于提升企业绩效。Watson 等（1993）从高管团队任期异质性角度发现，企业高管团队任期异质性越大，团队会更愿意听取不同的意见，有益于提高企业决策的准确性，有利于企业绩效的提高。Elron（1997）发现，高管团队的教育异质性有利于公司绩效水平的提高。Carpenter（2002）研究发现，高管团队的教育、任期和任职经历的异质性水平越高，对公司绩效的提升作用越大，并且这种正向影响在短期高管团队中更加显著。Bunderson 和 Sutcliffe（2002）、Amason 等（2006）认为，高管团队的异质性可以提供更丰富的专业技能和更广泛的社交网络，促进高管团队成员间的信息交流，有利于管理者提升对环境的认知和促进信息的收集，做出更有利于企业发展的决策。孙海法等（2006）以 277 家信息技术行业和纺织业上市公司为样本，研究发现，高管团队的任期异质性和长期绩效显著正相关。Wang 等（2020）基于对 107 家中国企业的问卷调查发现，高管团队认知异质性通过更好的团队融合实现对企业战略决策质量的正向影响。

消极观点认为，高管团队异质性抑制了企业绩效的提升。Wiersema 和 Bantel（1992）认为，高管团队年龄异质性越高，高管成员的更换往往会越频繁，这会对高管团队成员产生负面影响，不利于企业发展。Knight

等（1999）研究发现，高管团队的异质性越高，越容易导致团队成员之间沟通成本的增加，使得高管更难达成一致意见，从而增大形成企业战略共识的难度。Auh 和 Menguc（2005）研究发现，高管团队的年龄异质性、教育水平异质性越高，越容易导致团队内部产生矛盾和冲突，不利于凝聚力的形成，进而对企业绩效产生不利影响，也会抑制企业创新活动的进行。Singh（2001）在实证检验高管性别对企业绩效的影响时，发现具有女性高管的团队不利于企业绩效的提升。

综上，既有关于高管团队异质性对企业绩效的研究虽然较多，但是观点差异较大，所以高管团队异质性对企业的影响效应亟须新视角下的经验证据。已有研究中关于高管团队异质性对企业并购影响的研究较少。作为并购决策的直接执行者，高管团队对企业并购决策具有重要影响，现有研究发现，高管从军经历（曾宪聚等，2020），高管团队并购经验（吴建祖和陈丽玲，2017），高管团队的社会资本（祁继鹏和何晓明，2015），高管团队的平均年龄、平均任期和女性比例（黄旭等，2013），高管团队内部网络结构密度（赵乐和王琨，2020），高管团队海外经历（周中胜等，2020）等都会对企业并购行为和并购价值创造产生影响。但是现有研究对以下问题缺乏关注：一是关于高管团队异质性对并购决策或并购目标公司选择影响的研究缺乏关注，更缺乏分析产业政策在落实到企业过程中高管团队作用的相关研究；二是较少关注存在异质性的高管团队如何进行有效的决策才能达成一致的认知和行动，以促进并购绩效的提升。因此，本章选取 2007—2019 年中国沪深 A 股上市公司作为研究样本，基于高管团队异质性角度，研究不同高管团队异质性水平下产业政策如何影响企业的并购行为和并购价值创造。

6.2　理论分析与假设提出

1）高层梯队理论与高管团队异质性

（1）高层梯队理论

1984 年，Hambrick 和 Mason 提出了"高层梯队理论"（upper-echelon

theory），该理论认为，在有限理性的假说下，由于企业长期处于一种复杂且多变的经济环境中，管理者无法全面了解和掌握企业经营过程，即使对于熟悉的范畴，管理者也只能选择性地进行观察；在一定程度上，管理者的个人特质决定了其对信息的接受和处理能力，进而影响企业的战略选择和最终决策。高层梯队理论的核心思想是管理者在企业决策中由于自身处于有限理性状态，其认知模式和感知能力等心理结构方面存在异质性，会对信息产生高度个性化诠释，并最终影响企业的战略选择。Hambrick（1994）指出，在所有权与控制权分离后，高管团队拥有公司控制权，对于公司决策及其绩效水平，研究高管团队人口背景特征相对于研究单一高管（例如仅研究董事长、董事会秘书或总经理等）的人口背景特征更有解释力。

（2）高管团队的界定

高层梯队理论将将高管团队界定为企业中所有高层管理人员，但是并没有明确的界定范畴（Hambrick 和 Mason，1984）。此后学者根据研究目的和数据的可获得性对高管团队进行了相关的界定，主要包括以下四种界定方式：一是根据其职位和工作职责判断高管团队成员的范畴（李端生和王晓燕，2019）；二是通过对 CEO 进行问卷调查或者访谈，确定参与重大决策的高管团队成员（Knight 等，1999）；三是以高管薪酬水平为判断标准，根据薪酬排名确定高管团队成员（Kamm 等，1990）；四是以《中华人民共和国公司法》等法律或章程规定作为确定高管团队成员的依据（李卫宁和李莉，2015）。

虽然高管团队成员的界定尚未形成一致的结论，但高管团队成员都具有两个特点：一是能参与并影响企业的重大决策；二是属于企业的高级管理层。陈闯等（2016）将高管团队成员界定为上市公司年报中披露的高级管理人员（包括总经理、副总经理、各职能部门总监等）以及董事长。李冬伟和吴菁（2017）将高管团队成员界定为参与企业重大战略决策的人员，包括董事长、副董事长、总裁、副总裁、总经理、副总经理、财务总监以及董事会秘书等高级管理人员。张兆国等（2018）认为高管团队由年报中所披露的董事会成员（不包括独立董事）和高管人员组成。借鉴既有研究，本章将高管团队成员定义为能够参与企业重大战略决策的、年报中所披露的董事会成员（不包括独立董事）和高管人员，具体包括董事长和副董事长、总裁和副总裁、总经理和副总经理、财务总监以及董事会秘书等高级管理人员。

（3）高管团队异质性的界定

既有研究对高管团队异质性的界定维度主要集中在年龄异质性、任期异质性、性别异质性、学历异质性等方面。Hambrick 等（1996）认为，高管团队人口特征变量，如团队成员的性别、年龄、民族、学历水平、专业、任期长短、工作经验等以及这些特征间的异质性，与管理者的认知能力和价值观密切相关。国内学者对高管团队特征的异质性进行了不同的分类。李维安等（2014）将高管团队异质性要素分为两类：一是职业异质性要素，主要包括教育背景和职业经历等；二是社会异质性要素，主要包括性别、年龄和民族等。陶建宏等（2013）将高管团队异质性分为四类，包括传记性特征（包括性别、年龄等）、心理特征（如价值观、性格等）、能力特征（如工作经历等）以及社会特征（如社会地位、社会声望、社会资本等）。王宛秋和王雪晴（2019）认为，高管团队异质性可以分为显性因素和隐性因素，显性因素包括年龄、性别、种族、任期、学历、专业、社会经济基础和财务状况等，隐性因素包括知识基础、认知能力、职业经验等。

基于数据的可获得性并借鉴既有研究，本章选取任期、学历、年龄、性别四个人口背景特征，作为衡量高管团队异质性的指标，即将高管团队异质性定义为董事长和副董事长、总裁和副总裁、总经理和副总经理、财务总监以及董事会秘书等高级管理人员在年龄、任期、性别、学历方面的差异。

（4）高管团队异质性的分析

高管人口背景特征的研究，可以从平均水平和异质性水平两方面进行考察。

平均水平反映企业高管成员的基本认知能力、判断水平和价值取向并影响企业决策中对风险承担、投资意愿、融资倾向和创新战略等的基本态度水平。例如，从性别角度来看，女性较为谨慎细心、更加保守稳健，有利于减少企业违规行为（熊艾伦等，2018）、提升内部控

85

制有效性，同时，女性在判断外界环境、获取有关信息方面呈现弱势；从年龄角度来看，年龄越大风险意识越强，决策更加保守稳健，倾向于低风险决策，而年轻的高管经验相对较少，易过度自信（姜付秀等，2009），但其思路开阔、决策果断；从学历角度来看，高管受教育水平与其分析能力、判断能力、信息获取能力和认知能力正相关，受教育水平越高，其决策水平会更强（孙凯等，2019；范亚东等，2016），有利于提高公司绩效；从任期角度来看，高管的任期越长，其对公司环境越熟悉，对公司日常经营、执行监督情况更为了解，与相关部门沟通成本也会降低（唐曼萍等，2018），可以做出更优决策并有更好的执行效果。

异质性水平体现了平均的内部差异化水平，即性别、年龄、学历和任期反映的高管团队基本特征的差异化水平，相同平均水平的人口背景特征也会因内部的差异化而使行为决策存在差异。从高管个人来看，异质性水平是不同高管的认知能力、价值取向和判断水平的差异化水平，一般而言，差异化水平越高需要的沟通成本越大，所拥有的资源也会更加丰富。根据行为整合理论，公司决策时，高管团队行为整合是由信息沟通、团队合作和集体决策等要素构成的"动态整合过程"，最终达成一致的认识和行动。高管团队异质性体现了高管团队的认知差异、理解差异和价值观差异，这些差异对团队成员间的信息沟通和团队合作产生重要影响。

因此相对于平均水平，异质性水平更能体现公司决策时的"动态整合过程"，因此本章重点关注高管团队异质性水平。

2）高管团队异质性与产业政策的并购效应

高管团队异质性如何影响产业政策的并购效应，下面分别基于信息决策理论和社会分类理论两方面进行分析。

（1）基于信息决策理论的分析

具有不同背景特征的高管团队成员有不同的认知能力、理解能力和价值取向，导致不同的行为选择。在进行公司决策时，这种差异化水平有利于发挥高管团队成员在资源、信息和认知上的优势互补能力，提高公司决策质量与价值创造能力。陈忠卫和常极（2009）研究表明，年龄差异水平与企业创新能力正相关；张兆国等（2018）研究表明，性别异质性、学历异质性对企业社会责任存在积极的正向影响；朱乐和陈承（2020）的研究则认为，除性别、学历之外，高管团队的任期异质性也对企业社会责任产生显著的正向影响，而年龄异质性却存在显著的负向影响；韩庆潇等（2017）的研究表明，教育异质性和职能背景异质性对创新效率有正向影响。异质性促使企业从不同角度思考问题，使决策中的观点具有多样性，经过意见交换、辩论和认知冲突后，提供了决策时的多元化认知和多元化信息，使得企业能更深入地思考重大和复杂的决策。这种多元化认知、多元化信息等有助于高管团队深入认识企业决策问题、充分理解产业政策含义、把握产业政策优势，利用好产业政策给予的各类资源，带来高管团队异质性收益。

基于信息决策理论的分析，从高管团队异质性收益角度来看，任期异质性将任期较长者的行业和公司管理经验与任期较短者的非定式思维等优势结合，性别异质性和年龄异质性将风险偏好和风险厌恶、创新与保守、稳健态度与激进思路结合，学历异质性将不同认知能力、不同理解方向相结合，不同的高管团队成员对产业政策和并购行为理解不同，异质性水平越高时，差异化越大，越有利于观点的多样性，有助于企业提高产业政策理解水平，正确配置产业政策带来的利好资源，深刻认识并购行为对公司发展的影响，正确判断和把握企业所处的外界环境，把自身信息、认知能力和价值取向应用于企业决策。产业政策会通过各种资源供给，减轻企业在生产要素与资源方面的发展阻力，促使企业进行规模扩张，发生并购行为，当高管团队异质性水平越高时，越能深刻认识到产业政策带给企业的利好资源，促使企业进行并购战略选择，更进一步影响后续并购整合与资源配置，提升企业并购价值创造水平。

（2）基于社会分类理论的分析

社会分类理论（Tajfel等，1971）认为，社会中个体与个体之间的关系或者交往常取决于个体之间的相似性水平。相同兴趣、相似境遇或者某些特征相同的个体之间容易产生亲近感和认同感，也更容易产生合作交往的意向；如个体间差异较大，则合作与沟通更为困难，更容易产生分歧、冲突和歧视，个体间的沟通成本也会加大。当高管团队的学历、性别、年龄和任期等人口背景特征存在差异时，其反映的内在价值取向、认知方式、理解能力，以至于生活习惯、思维方式、成长环境和行为选择会出现较大差异，高管团队成员间的心理距离扩大，沟通成本增加，导致团队之内的合作交流受阻，更难以形成一致看法，团队凝聚力下降；若差异化水平较低，则团队成员之间亲近感和认同感较强，有利于合作交流，有助于提升高管团队凝聚力。

从产业政策影响企业并购角度来看，高管团队异质性越高，越不利于企业对产业政策的理解与认知，不易对产业政策带来的利好资源达成一致的资源配置决策，不利于产业政策并购效应的发挥。朱晋伟等（2014）的研究表明，高管团队性别、年龄和学历等的异质性对企业创新绩效有一定的抑制作用；陈关聚等（2019）的研究指出，性别差异增强了企业资本结构对研发投入的抑制作用；Knight等（1999）指出，学历异质性不利于达成一致的战略意见，不利于公司绩效的提高；邓新明等（2021）发现，高管团队的教育异质性显著增加了企业的竞争复杂性，对企业市场绩效有显著的负向影响。根据上述理论分析，从高管团队异质性成本角度来看，当高管团队成员之间的任期、学历、年龄、性别存在差异时，心理距离扩大，沟通成本增加，导致相互沟通交流存在困难，难以达成一致观点，导致企业不能正确认识产业政策对企业并购的影响，资源配置能力低，决策效率低下，无法把握产业政策的并购效应，抑制企业的并购倾向，即使做出并购行为也会抑制后续整合和资源配置，降低并购绩效水平。高管团队异质性抑制了产业政策对并购决策、专业化并购目标公司选择的并购决策以及并购整合绩效的促进作用。

综上所述，高管团队异质性有收益和成本两个方面，对产业政策并购效应的发挥的影响相反。基于此，本章提出如下两个对立假设：

H1：高管团队异质性对产业政策的并购效应起到促进作用，高管团队异质性越高，越有利于产业政策的并购效应。

H2：高管团队异质性对产业政策的并购效应起到抑制作用，高管团队异质性越高，越不利于产业政策的并购效应。

6.3 ——————研究设计——————

6.3.1　样本选择与数据来源

为探究高管团队异质性对产业政策并购效应的影响，结合第4章和第5章的研究结果，同时为避免新冠肺炎疫情的影响，本章选取2007—2019年中国沪深A股上市公司作为研究样本，然后剔除ST、*ST或PT等处于非正常交易状态、金融行业以及数据缺失的样本；在此基础上，对发生并购事件的样本继续做如下处理：（1）保留交易地位编码为买方的样本；（2）剔除重组类型编码为债务重组、资产剥离、资产置换、股份回购的样本，剔除土地、资产购置等资产收购交易，只保留股权收购；（3）剔除并购关联交易样本；（4）剔除并购交易未成功的样本；（5）对于同一企业在同一年份进行多次并购并且并购标的相同的样本进行合并；（6）对于同一企业在同一年份进行多次并购并且并购标的不同的样本，仅保留交易金额最大的样本。

经上述处理，在探究高管团队异质性与产业政策并购决策的研究中，最终得到样本量20 967个，其中受产业政策鼓励支持的样本为11 860个，不受产业政策鼓励支持的样本为9 107个；在对并购目标公司选择的研究中，得到样本量4 631个，其中受产业政策重点支持的样本为1 498个，不受产业政策重点支持的样本为3 133个；在对并购绩效的研究中，得到样本量4 724个，其中受产业政策重点支持的样本为1 524个，不受产业政策重点支持的样本为3 200个；研究所需数据均来自CSMAR数据库。

6.3.2　变量解释

1）高管团队异质性变量

借鉴张兆国等（2018）和李冬伟等（2017）的研究，高管团队界定为能够参与企业重大战略决策的、年报中所披露的董事会成员（不包括独立董事）和高管人员，具体包括董事长和副董事长、总裁和副总裁、总经理和副总经理、财务总监以及董事会秘书等高管人员。

高管团队异质性划分为年龄异质性、任期异质性、性别异质性和学历异质性四个维度。现有研究中衡量高管团队异质性的方法主要有两种：一是标准差系数（Coefficient of Variation）。Allison（1978）在比较了测算差异的各指标后，发现标准差系数是一个比例恒定的测算指标，在测算年龄和时间等连续数据时，优于标准差和方差。二是赫芬达尔（Herfindahl）指数。Blau（1977）率先用其来测算团队异质性。李卫宁和李莉（2015）采用标准差系数测算高管团队成员年龄异质性和任期异质性。魏立群和王智慧（2002）、肖挺等（2013）等采用 Herfindahl 指数对高管团队的年龄异质性、教育异质性和任期异质性进行了测算。白景坤等（2017）、张兆国等（2018）、焦健（2019）等采用标准差系数测算年龄异质性和任期异质性，采用 Herfindahl 指数测算教育背景异质性和职业背景异质性。

张兆国等（2018）、焦健（2019）认为，连续变量更适合采用标准差系数衡量异质性，分类变量则适合采用 Herfindahl 指数衡量差异性，所以本章借鉴以上研究，采用标准差系数衡量年龄异质性和任期异质性，采用 Herfindahl 指数衡量性别异质性和学历异质性。

高管团队年龄异质性（TMTA）和任期异质性（TMTT）的测算公式如下：

$$\text{Index} = \delta_i / \mu_i$$

式中：δ_i 表示高管团队成员的任期或年龄的标准差；μ_i 表示高管团队成员的任期或年龄的均值。标准差系数越大，高管团队异质性水平越高。

高管团队性别异质性（TMTG）和学历异质性（TMTE）采取 Herfindahl 指数进行衡量。首先，对高管团队成员的性别和学历进行赋值，学历赋值方式为：中专及中专以下取值为1，大专取值为2，本科取值为3，硕士研究生取值为4，博士研究生取值为5。性别赋值方式为：男性取值为1，女性取值为0。然后，利用赫芬达尔公式进行计算，计算公式如下：

$$\text{Herfindahl} = 1 - \sum p_i^2$$

式中：Herfindahl 表示高管团队异质性（性别、学历）的赫芬达尔指数，取值为（0，1）；p_i 表示具有 i 种特征（性别、学历的不同取值）占总高管团队人数的比重。与标准差系数相同，赫芬达尔指数越大，高管团队异质性水平越高。

2）其他变量

本章实证研究所需其他变量，与第4章和第5章保持一致，仅在前述章节相关模型中加入调节变量与调节效应交互项，相关变量定义见表6-1。

表6-1　　　　　　　　　　　　　　变量定义表

变量名称	符号	定义
年龄异质性	TMTA	采取标准差系数法，利用高管团队成员的年龄标准差除以年龄均值计算
任期异质性	TMTT	采取标准差系数法，利用高管团队成员的任期（单位：月）标准差除以任期均值计算
性别异质性	TMTG	采取Herfindahl指数计算，男性取值为1，女性取值为0
学历异质性	TMTE	采取Herfindahl指数计算，中专及中专以下=1，大专=2，本科=3，硕士研究生=4，博士研究生=5
并购绩效	ΔROA_1	并购前后一年经行业调整的总资产收益率的变化
	ΔROA_2	并购前后两年经行业调整的总资产收益率的变化
	ΔROE_1	并购前后一年经行业调整的净资产收益率的变化
	ΔROE_2	并购前后两年经行业调整的净资产收益率的变化
并购决策	MA	如果该公司在年度内至少发生一起并购事件，则取值为1；否则为0
产业政策	IP1	如果公司属于受产业政策鼓励支持行业，则IP1取值为1；否则为0
	IP2	如果公司属于受产业政策重点支持行业，则IP2取值为1；否则为0
并购目标公司选择	PATH	如果主并公司并购类型为横向并购或纵向并购，则取值为1；否则取值为0
现金流量	OCF	年末经营性现金流量除以年末总资产

91

变量名称	符号	定义
企业成长性	GROW	年末营业收入增长率
企业规模	SIZE	年末总资产的自然对数
独立董事比例	PND	年末独立董事占董事会人数之比
董事会规模	SCALE	年末董事会人数的自然对数
两职兼任	DUAL	如果年末总经理和董事长兼任，取值为1；否则为0
财务杠杆	LEV	年末资产负债率
市账比	MB	年末的股票市场价格与总资产账面价值的比值
盈利能力	ROE	年末净资产收益率
公司年龄	AGE	年末公司成立年限的自然对数
产权性质	SOE	如果是国有公司，取值为0；否则取值为1
并购交易规模	MASize	并购支付价值与主并方上年末总资产比值
现金支付	MAPay	如果是现金支付，取值为1；否则为0
重大资产重组	MAMajor	如果是重大资产重组，取值为1；否则为0
年度	Year	年度虚拟变量

6.3.3 模型设计

为探究高管团队异质性对产业政策并购决策效应的影响，采用模型（6-1）进行检验；为探究高管团队异质性对产业政策并购目标公司选择效应的影响，采用模型（6-2）进行检验；为探究高管团队异质性对产业政策并购价值创造效应的影响，采用模型（6-3）进行检验。

$$\text{Probit(MA)} = \alpha_0 + \alpha_1 \text{IP} + \alpha_2 Z + \alpha_3 \text{IP} \times Z + \sum \alpha_i \text{Control} + \varepsilon \tag{6-1}$$

$$\text{Probit(PATH)} = \beta_0 + \beta_1 \text{IP} + \beta_2 Z + \beta_3 \text{IP} \times Z + \sum \beta_i \text{Control} + \varepsilon \tag{6-2}$$

$$Y = \lambda_0 + \lambda_1 \text{IP} + \lambda_2 Z + \lambda_3 \text{IP} \times Z + \sum \lambda_i \text{Control} + \varepsilon \tag{6-3}$$

上述模型中，Control 为控制变量，与前面章节选取的控制变量保持一致；Y 为包括四个表示并购绩效变量的向量，Y = { $\Delta \text{ROA}_1, \Delta \text{ROA}_2, \Delta \text{ROE}_1, \Delta \text{ROE}_2$ },

Z 为包括表示高管团队异质性变量的向量，Z = { TMTA,TMTT,TMTG,TMTE }。回归时对样本中所有连续变量上下 1% 进行 Winsorize 处理。根据第 4 章和第 5 章的结果，本章模型（6-1）中，产业政策变量 IP 用鼓励产业政策 IP1；模型（6-2）和（6-3）中，产业政策变量 IP 用重点产业政策 IP2。

6.4 ————————实证结果分析————

6.4.1　描述性统计

表 6-2 是模型（6-1）相关变量的描述性统计、均值和中位数差异检验。在表 6-2 中，高管团队异质性最小值基本接近于 0，除任期异质性变量 TMTT 外，年龄异质性变量 TMTA、性别异质性变量 TMTG 和学历异质性变量 TMTE 的最大值均低于 1。由于任期以月为单位，测度更加细致，因此其差异表现与其他三个变量不同。均值和中位数差异检验结果表明，在非产业政策鼓励支持组和产业政策鼓励支持组，MA、TMTA 和 TMTG 的均值和中位数都存在 1% 显著性水平下的差异，TMTE 的中位数存在 1% 的显著性组间差异。

表6-2　　　　　　　**模型（6-1）主要变量的描述性统计**

Panel A：主要变量总体描述性统计					
Variable	Mean	S.D.	Min	Median	Max
MA	0.230	0.420	0	0	1
IP1	0.570	0.500	0	1	1
TMTA	0.150	0.040	0.070	0.150	0.270
TMTT	0.660	0.230	0.130	0.650	1.300
TMTG	0.260	0.140	0	0.270	0.500
TMTE	0.540	0.170	0	0.580	0.750

Panel B：按 IP1 分组的主要变量均值和中位数差异							
Variable	IP1=0			IP1=1			差异	
	N	Mean	Median	N	Mean	Median	MeanDiff	MedDiff
MA	9 107	0.219	0	11 860	0.235	0	−0.016***	7.738***
TMTA	9 107	0.156	0.153	11 860	0.153	0.148	0.003***	31.60***
TMTT	9 107	0.662	0.648	11 860	0.664	0.651	−0.003	0.809
TMTG	9 107	0.269	0.278	11 860	0.258	0.260	0.010***	16.47***
TMTE	9 107	0.538	0.582	11 860	0.536	0.571	0.002	15.13***

注：*、**、***分别表示变量的组间差异在10%、5%和1%的水平上显著，下同。

表 6-3 是模型（6-2）相关变量的描述性统计、均值和中位数差异检验，可以看出，与表 6-2 结果相似，高管团队异质性变量的最小值基本接近于 0，除任期异质性外，性别异质性、学历异质性和年龄异质性等变量的最大值均低于 1。均值差异的检验结果表明，PATH 在非产业政策重点支持组的均值为 0.644，在产业政策重点支持组的均值为 0.722，两者差异为 0.078，且在 1% 水平上显著，初步说明受产业政策重点支持的企业更倾向于选择专业化并购目标公司，进行专业化并购。此外，高管团队性别异质性 TMTG 和学历异质性 TMTE 在均值和中位数上也表现出显著的组间差异。

表6-3   **模型（6-2）主要变量的描述性统计**

Panel A：主要变量总体描述性统计				
Variable	Mean	S.D.	Min	Median	Max
PATH	0.670	0.470	0	1	1
IP2	0.320	0.470	0	0	1
TMTA	0.160	0.040	0.070	0.150	0.270
TMTT	0.650	0.230	0.120	0.640	1.280
TMTG	0.270	0.140	0	0.280	0.500
TMTE	0.550	0.160	0	0.590	0.750

续表

Panel B：按 IP2 分组的主要变量均值和中位数差异								
Variable	IP2=0			IP2=1			差异	
	N	Mean	Median	N	Mean	Median	MeanDiff	MedDiff
PATH	3 133	0.644	1	1 498	0.722	1	−0.078***	
TMTA	3 133	0.159	0.155	1 498	0.157	0.155	0.002	0.202
TMTT	3 133	0.649	0.636	1 498	0.651	0.637	−0.002	0
TMTG	3 133	0.271	0.278	1 498	0.284	0.298	−0.013***	6.517**
TMTE	3 133	0.552	0.593	1 498	0.542	0.580	0.010**	3.438*

表 6-4 是模型（6-3）相关变量的描述性统计、均值和中位数的组间差异检验，结果显示，产业政策重点支持组并购绩效（ΔROA_1，ΔROA_2，ΔROE_1，ΔROE_2）的均值显著大于非政策支持组，并且高管团队异质性变量 TMTG 和 TMTE 在均值和中位数上也存在显著的组间差异。

表6-4　　　　　　　　模型（6-3）主要变量的描述性统计

Panel A：主要变量总体描述性统计					
Variable	Mean	S.D.	Min	Median	Max
ΔROA_1	−0.010	0.080	−0.390	0	0.350
ΔROE_1	−0.010	0.310	−1.580	0	1.330
ΔROA_2	−0.010	0.090	−0.420	−0.010	0.340
ΔROE_2	0	0.330	−1.590	0	1.430
IP2	0.320	0.470	0	0	1
TMTA	0.160	0.0400	0.070	0.150	0.270
TMTT	0.650	0.230	0.120	0.640	1.290
TMTG	0.270	0.140	0	0.280	0.500
TMTE	0.550	0.160	0	0.590	0.750

Panel B：按 IP2 分组的主要变量均值和中位数差异								
Variable	IP2=0			IP2=1			差异	
	N	Mean	Median	N	Mean	Median	MeanDiff	MedDiff
ΔROA_1	3 200	−0.010	−0.004	1 524	−0.004	−0.001	−0.006**	1.709
ΔROE_1	3 200	−0.018	−0.004	1 524	0	0.011	−0.018*	13.49***
ΔROA_2	3 200	−0.016	−0.008	1 524	−0.009	−0.005	−0.007**	3.724*
ΔROE_2	3 200	−0.019	−0.005	1 524	0.029	0.015	−0.048***	21.80***
TMTA	3 200	0.158	0.155	1 524	0.157	0.155	0.002	0.015
TMTT	3 200	0.649	0.636	1 524	0.651	0.635	−0.002	0
TMTG	3 200	0.270	0.278	1 524	0.283	0.298	−0.012***	5.895**
TMTE	3 200	0.553	0.593	1 524	0.541	0.581	0.012**	2.731*

6.4.2　高管团队异质性影响产业政策并购决策效应的实证结果

表6-5列示了模型（6-1）回归的结果。结果表明：（1）年龄异质性TMTA对企业并购决策MA无显著影响，也未调节产业政策与企业并购决策的关系；（2）任期异质性TMTT与IP交互项的回归系数在10%水平上显著为正，说明任期异质性带来的高管团队异质性收益比其异质性成本高，任期异质性将任期较长者的行业和公司管理经验与任期较短者的非定式思维等优势结合，有助于提高产业政策的并购决策效应；（3）性别异质性TMTG的回归系数为0.299，在1%水平上显著，表明性别异质性促进了企业发生并购的可能性，但其对产业政策的并购决策效应的调节不显著；（4）学历异质性TMTE的回归系数为0.205，在5%水平上显著为正，表明学历异质性同样促进企业进行并购，同时，学历异质性与产业政策的交互项回归系数在10%的水平上显著为负，这在一定程度上表明学历异质性抑制了产业政策的并购决策效应。

表6-5　　　高管团队异质性、产业政策与并购决策的回归结果

变量	（1）MA	（2）MA	（3）MA	（4）MA
IP	−0.012	−0.060	0.041	0.155**
	（−0.171）	（−1.027）	（0.951）	（2.293）
TMTA	−0.348			
	（−0.980）			
TMTA×IP	0.338			
	（0.760）			
TMTT		−0.062		
		（−0.946）		
TMTT×IP		0.154*		
		（1.825）		
TMTG			0.299***	
			（2.777）	
TMTG×IP			0.008	
			（0.060）	
TMTE				0.205**
				（2.329）

续表

变量	（1）MA	（2）MA	（3）MA	（4）MA
TMTE×IP				−0.209*
				（−1.767）
OCF	−0.070***	−0.069***	−0.069***	−0.069***
	（−3.190）	（−3.144）	（−3.169）	（−3.154）
GROW	0.110***	0.109***	0.110***	0.110***
	（5.402）	（5.375）	（5.413）	（5.422）
SIZE	0.031***	0.032***	0.036***	0.033***
	（2.674）	（2.702）	（3.117）	（2.795）
PND	−0.240	−0.243	−0.257	−0.248
	（−1.107）	（−1.124）	（−1.187）	（−1.146）
SCALE	−0.052	−0.051	−0.036	−0.057
	（−0.868）	（−0.866）	（−0.613）	（−0.964）
DUAL	0.097***	0.097***	0.092***	0.096***
	（4.130）	（4.149）	（3.925）	（4.106）
MB	−0.045	−0.047	−0.043	−0.051
	（−0.755）	（−0.780）	（−0.714）	（−0.860）
ROE	0.712***	0.720***	0.699***	0.706***
	（6.432）	（6.445）	（6.307）	（6.383）
AGE	−0.134***	−0.137***	−0.143***	−0.131***
	（−4.645）	（−4.710）	（−4.939）	（−4.499）
SOE	0.350***	0.346***	0.332***	0.339***
	（14.027）	（14.855）	（14.171）	（14.442）
LEV	0.083	0.081	0.084	0.087
	（1.423）	（1.382）	（1.446）	（1.501）
_cons	−0.962***	−0.971***	−1.198***	−1.140***
	（−3.438）	（−3.576）	（−4.371）	（−4.157）
Year	Yes	Yes	Yes	Yes
Pseudo R²	0.029	0.029	0.030	0.029

注：括号内是T统计量，*、**、***分别表示回归系数在10%、5%和1%的水平上显著，下同。

以上回归结果表明，年龄异质性对企业的并购决策行为不存在影响，而性别异质性和学历异质性对企业的并购行为起到了积极的促进作用。高管团队异质性水平越高，越能充分利用每个人的知识、信息和分析能力，拥有更多的资源与更大的把握去扩大企业规模，使并购倾向提高；但同时由于异质性水平的提高，在本企业受到产业政策支持时，不同学历和任期的高管对产业政策的理解不同，高管团队性别异质性程度的提高有利于利用产业政策扩大企业规模、做出更多并购决策；但是高管团队学历异质性程度的提高不利于对企业发展前景达成共识，削弱了产业政策对并购决策的积极作用。

6.4.3 高管团队异质性影响产业政策并购目标公司选择效应的实证结果

表6-6列示了模型（6-2）的Probit回归结果。第4章研究发现，受产业政策支持的公司，更容易选择专业化并购目标公司，即进行横向并购或纵向并购，为此，本章继续探究高管团队异质性是否对产业政策促进企业进行专业化并购这一关系起到调节作用。在控制了相关变量后，表6-6回归结果表明：

98

表6-6　　**高管团队异质性、产业政策与并购目标公司选择**

变量	（1）PATH	（2）PATH	（3）PATH	（4）PATH
IP	0.085	0.030	−0.018	0.271*
	(0.521)	(0.237)	(−0.187)	(1.879)
TMTA	−1.275**			
	(−2.160)			
IP×TMTA	0.558			
	(0.563)			
TMTT		−0.271***		
		(−2.627)		
IP×TMTT		0.227		
		(1.258)		
TMTG			−0.804***	
			(−4.583)	
IP×TMTG			0.706**	
			(2.276)	
TMTE				0.344**
				(2.339)

变量	(1) PATH	(2) PATH	(3) PATH	(4) PATH
IP×TMTE				−0.163
				(−0.644)
OCF	0.046	0.049	0.050	0.051
	(1.036)	(1.090)	(1.120)	(1.147)
LEV	−0.194	−0.162	−0.168	−0.176
	(−1.583)	(−1.317)	(−1.361)	(−1.435)
GROW	0.038	0.043	0.035	0.040
	(0.856)	(0.977)	(0.806)	(0.900)
SIZE	−0.028	−0.014	−0.034	−0.020
	(−1.061)	(−0.547)	(−1.300)	(−0.772)
PND	1.004**	1.023**	1.088**	1.013**
	(2.214)	(2.258)	(2.391)	(2.233)
SCALE	0.057	0.058	0.052	0.053
	(0.462)	(0.475)	(0.424)	(0.430)
DUAL	0.019	0.018	0.029	0.019
	(0.419)	(0.409)	(0.654)	(0.425)
MB	0.165	0.121	0.166	0.153
	(1.339)	(0.972)	(1.346)	(1.242)
ROE	1.125***	1.035***	1.180***	1.121***
	(4.156)	(3.770)	(4.339)	(4.148)
AGE	−0.193***	−0.189***	−0.187***	−0.188***
	(−3.481)	(−3.405)	(−3.369)	(−3.369)
SOE	−0.072	−0.120**	−0.081	−0.126**
	(−1.398)	(−2.403)	(−1.624)	(−2.511)
_cons	0.796	0.498	0.869	0.254
	(1.336)	(0.859)	(1.476)	(0.431)
Year	Yes	Yes	Yes	Yes
Pseudo R^2	0.020	0.021	0.023	0.020

99

（1）年龄异质性 TMTA 和任期异质性 TMTT 对企业的并购目标公司选择 PATH 产生显著的负向影响，学历异质性 TMTE 对企业并购目标公司选择产生显著的正向影响，但都没有调节产业政策与专业化并购目标公司选择倾向之间的促进关系。

（2）从调节效应来看，性别异质性 TMTG 与 IP 交互项的回归系数显著为正，表明高管团队性别异质性对产业政策的并购目标公司选择存在正向调节效应。由于高管团队性别差异带来的对产业政策以及未来发展的理解与认知存在差距，使得高管为更充分发挥产业政策的效应而更倾向进行专业化并购目标公司选择；此外，高管团队性别差异带来的风险意识差异，促使性别异质性 TMTG 越大的企业，更倾向选择熟悉的专业化并购目标公司进行并购。

6.4.4 高管团队异质性影响产业政策并购价值创造效应的实证结果

表6-7和表6-8为模型（6-3）的回归结果，结果显示：

表6-7　　高管团队异质性（年龄、任期）、产业政策与并购绩效

变量	(1) ΔROA_1	(2) ΔROA_2	(3) ΔROE_1	(4) ΔROE_2	(5) ΔROA_1	(6) ΔROA_2	(7) ΔROE_1	(8) ΔROE_2
IP	−0.006	−0.009	−0.028	−0.004	0.014*	0.016*	0.016	0.088***
	(−0.552)	(−0.749)	(−0.812)	(−0.098)	(1.684)	(1.780)	(0.606)	(3.004)
TMTA	−0.113***	−0.113***	−0.299**	−0.373**				
	(−3.388)	(−2.849)	(−2.142)	(−2.446)				
TMTA×IP	0.083	0.108	0.285	0.267				
	(1.258)	(1.486)	(1.319)	(1.138)				
TMTT					−0.013**	0.006	−0.034	−0.017
					(−2.290)	(0.844)	(−1.331)	(−0.626)
TMTT×IP					−0.010	−0.011	0.003	−0.074
					(−0.781)	(−0.815)	(0.067)	(−1.632)
OCF	0.009***	0.009***	0.022**	0.015	0.009***	0.009***	0.023**	0.016
	(4.477)	(3.314)	(2.087)	(1.271)	(4.617)	(3.460)	(2.166)	(1.371)
LEV	0.016**	0.029***	−0.038	0.016	0.019**	0.030***	−0.032	0.025
	(2.144)	(3.333)	(−1.357)	(0.430)	(2.556)	(3.414)	(−1.125)	(0.686)
GROW	−0.001	−0.001	−0.010	−0.001	−0.001	−0.001	−0.009	−0.001
	(−0.245)	(−0.341)	(−0.946)	(−0.084)	(−0.196)	(−0.331)	(−0.896)	(−0.082)
ROE	−0.264***	−0.021	−0.605***	0.081	−0.271***	−0.018	−0.619***	0.067
	(−12.740)	(−0.968)	(−7.974)	(0.970)	(−13.053)	(−0.867)	(−8.119)	(0.786)

续表

变量	(1) ΔROA_1	(2) ΔROA_2	(3) ΔROE_1	(4) ΔROE_2	(5) ΔROA_1	(6) ΔROA_2	(7) ΔROE_1	(8) ΔROE_2
SIZE	0.005***	−0.002	0.019***	−0.003	0.006***	−0.002	0.021***	0.000
	(3.388)	(−1.412)	(3.285)	(−0.438)	(4.068)	(−1.264)	(3.690)	(0.016)
PND	−0.015	0.024	−0.189*	0.035	−0.014	0.024	−0.188*	0.036
	(−0.545)	(0.837)	(−1.756)	(0.329)	(−0.512)	(0.831)	(−1.736)	(0.344)
SCALE	−0.005	0.011	−0.046*	0.023	−0.005	0.011	−0.046*	0.022
	(−0.719)	(1.321)	(−1.744)	(0.768)	(−0.773)	(1.394)	(−1.746)	(0.742)
DUAL	0.000	−0.002	−0.011	−0.016	−0.000	−0.002	−0.011	−0.017
	(0.026)	(−0.599)	(−1.100)	(−1.360)	(−0.031)	(−0.576)	(−1.116)	(−1.410)
MB	−0.017**	−0.001	−0.071***	−0.049*	−0.020***	−0.001	−0.079***	−0.058**
	(−2.144)	(−0.099)	(−2.647)	(−1.685)	(−2.616)	(−0.101)	(−2.959)	(−1.980)
AGE	−0.001	0.001	−0.004	0.014	−0.001	0.000	−0.003	0.014
	(−0.250)	(0.266)	(−0.313)	(1.017)	(−0.173)	(0.104)	(−0.296)	(1.027)
SOE	0.003	−0.004	0.005	0.014	−0.001	−0.006**	−0.004	0.001
	(0.887)	(−1.137)	(0.480)	(1.106)	(−0.499)	(−1.974)	(−0.323)	(0.069)
MASIZE	−0.000	−0.026**	−0.046	−0.051	0.001	−0.026**	−0.045	−0.049
	(−0.001)	(−2.001)	(−1.485)	(−1.123)	(0.072)	(−2.047)	(−1.450)	(−1.095)
MAPAY	−0.006	−0.011*	−0.031	−0.029	−0.006	−0.010*	−0.031	−0.028
	(−1.219)	(−1.758)	(−1.579)	(−1.295)	(−1.154)	(−1.736)	(−1.554)	(−1.231)
MAMajor	0.005	0.015	0.024	0.018	0.005	0.015	0.024	0.018
	(0.724)	(1.562)	(0.916)	(0.564)	(0.710)	(1.552)	(0.903)	(0.556)
_cons	−0.070**	−0.005	−0.111	−0.080	−0.100***	−0.031	−0.182	−0.182
	(−2.005)	(−0.123)	(−0.783)	(−0.554)	(−2.948)	(−0.842)	(−1.328)	(−1.278)
Year	Yes	Yes	Yes	Yes	Yes	Yes	Yes	Yes
Adj-R^2	0.112	0.040	0.066	0.029	0.112	0.038	0.066	0.029

表6-8　　高管团队异质性（性别、学历）、产业政策与并购绩效

变量	(1) ΔROA_1	(2) ΔROA_2	(3) ΔROE_1	(4) ΔROE_2	(5) ΔROA_1	(6) ΔROA_2	(7) ΔROE_1	(8) ΔROE_2
IP	0.005	0.001	−0.005	0.025	0.023**	−0.011	0.100***	−0.004
	(0.837)	(0.208)	(−0.242)	(1.057)	(2.342)	(−1.011)	(3.147)	(−0.104)
TMTG	−0.008	−0.003	−0.058	−0.030				
	(−0.944)	(−0.313)	(−1.437)	(−0.666)				
TMTG×IP	0.008	0.026	0.081	0.051				
	(0.389)	(1.081)	(1.209)	(0.669)				
TMTE					0.008	−0.021**	0.075**	−0.031
					(0.994)	(−2.126)	(2.012)	(−0.867)
TMTE×IP					−0.028	0.035*	−0.151***	0.079
					(−1.594)	(1.888)	(−2.696)	(1.207)
OCF	0.009***	0.009***	0.023**	0.016	0.009***	0.009***	0.023**	0.016
	(4.637)	(3.437)	(2.162)	(1.358)	(4.625)	(3.437)	(2.179)	(1.370)
LEV	0.017**	0.031***	−0.034	0.020	0.016**	0.030***	−0.035	0.019
	(2.287)	(3.486)	(−1.195)	(0.544)	(2.245)	(3.403)	(−1.254)	(0.503)
GROW	−0.001	−0.001	−0.009	−0.001	−0.000	−0.001	−0.009	−0.001
	(−0.205)	(−0.289)	(−0.926)	(−0.059)	(−0.135)	(−0.342)	(−0.846)	(−0.079)
ROE	−0.263***	−0.020	−0.600***	0.085	−0.264***	−0.019	−0.607***	0.085
	(−12.692)	(−0.943)	(−7.951)	(1.013)	(−12.732)	(−0.889)	(−8.018)	(1.022)
SIZE	0.005***	−0.002	0.019***	−0.002	0.005***	−0.002	0.020***	−0.001
	(3.560)	(−1.212)	(3.326)	(−0.296)	(3.625)	(−1.239)	(3.475)	(−0.233)
PND	−0.014	0.024	−0.186*	0.038	−0.016	0.026	−0.196*	0.041
	(−0.501)	(0.820)	(−1.714)	(0.358)	(−0.589)	(0.888)	(−1.816)	(0.389)
SCALE	−0.004	0.012	−0.045*	0.025	−0.004	0.012	−0.048*	0.027
	(−0.625)	(1.456)	(−1.695)	(0.850)	(−0.665)	(1.513)	(−1.812)	(0.901)

续表

变量	（1）ΔROA_1	（2）ΔROA_2	（3）ΔROE_1	（4）ΔROE_2	（5）ΔROA_1	（6）ΔROA_2	（7）ΔROE_1	（8）ΔROE_2
DUAL	0.000	−0.002	−0.010	−0.015	0.000	−0.002	−0.011	−0.016
	（0.094）	（−0.616）	（−1.033）	（−1.321）	（0.080）	（−0.559）	（−1.074）	（−1.334）
MB	−0.017**	−0.001	−0.072***	−0.050*	−0.017**	−0.001	−0.073***	−0.051*
	（−2.195）	（−0.116）	（−2.683）	（−1.723）	（−2.201）	（−0.126）	（−2.735）	（−1.737）
AGE	−0.001	0.001	−0.004	0.013	−0.002	0.000	−0.005	0.013
	（−0.357）	（0.136）	（−0.356）	（0.927）	（−0.444）	（0.082）	（−0.409）	（0.909）
SOE	0.000	−0.006**	0.000	0.005	0.000	−0.005*	−0.003	0.005
	（0.072）	（−2.091）	（0.043）	（0.454）	（0.024）	（−1.802）	（−0.235）	（0.430）
MASIZE	−0.000	−0.026**	−0.046	−0.051	−0.000	−0.026**	−0.048	−0.052
	（−0.017）	（−2.044）	（−1.466）	（−1.143）	（−0.050）	（−2.023）	（−1.537）	（−1.155）
MAPAY	−0.006	−0.010*	−0.031	−0.029	−0.006	−0.011*	−0.031	−0.029
	（−1.222）	（−1.712）	（−1.569）	（−1.285）	（−1.242）	（−1.750）	（−1.591）	（−1.281）
MAMajor	0.005	0.015	0.023	0.017	0.005	0.015	0.024	0.017
	（0.685）	（1.561）	（0.866）	（0.538）	（0.727）	（1.533）	（0.930）	（0.542）
_cons	−0.092***	−0.030	−0.152	−0.153	−0.097***	−0.020	−0.209	−0.155
	（−2.693）	（−0.791）	（−1.095）	（−1.074）	（−2.859）	（−0.526）	（−1.503）	（−1.096）
Year	Yes	Yes	Yes	Yes	Yes	Yes	Yes	Yes
Adj-R^2	0.110	0.038	0.066	0.028	0.111	0.039	0.067	0.028

（1）年龄异质性 TMTA 对并购绩效（ΔROA_1、ΔROE_1、ΔROA_1 和 ΔROE_1）的影响显著为负，但其对产业政策与并购绩效的促进关系并没有显著的影响。年龄差异会导致"代沟"问题，风险偏好也会出现差异，高管团队成员之间可能会难以达成共识，由此带来沟通成本较大，心理距离拉大，不利于企业并购价值的创造。

（2）任期异质性 TMTT 对并购绩效影响除 ΔROA_1 外，其他都不显著；性别异质性 TMTG 对并购绩效影响不显著，性别异质性 TMTG 和任期异质性 TMTT 对产业政策与并购绩效之间的调节作用也不显著，说明性别异质性、任期异质性带来的差异未对产业政策的并购后果产生明显影响。

（3）学历异质性 TMTE 对并购绩效的影响存在差异，对 ΔROA_1 和 ΔROE_2 影响不显著；对 ΔROA_2 影响显著为负，在一定水平上抑制了 ΔROA_2 的提升，但其对产业政策与并购绩效的促进关系起到了增强的作用；对 ΔROE_1 影响显著为正，在一定水平上促进了 ΔROE_1 的提升，但其对产业政策与并购绩效的促进关系却发挥了抑制的作用。总体而言，学历异质性体现了高管团队成员对公司营运状况、所处环境的认知水平差异，异质性越高，表明这种认知差异越大，在面对企业并购后资源配置时的差异也会更加明显，从而会对并购绩效的提升产生影响，也会影响产业政策的并购后果效应，但是这种影响受并购期限的影响较大。

6.5 稳健性检验

考虑到公司治理状况与公司决策可能存在因果倒置等内生性问题以及公司决策与实际执行之间存在时滞性，本章借鉴唐曼萍等（2018）的研究，将高管团队异质性变量滞后一期进行稳健性检验。高管团队异质性对产业政策并购决策效应的稳健性检验结果见表6-9，其中列（1）～（4）是针对并购决策 MA 的回归结果，列（5）～（8）是针对并购目标公司选择 PATH 的回归结果。高管团队异质性对产业政策并购价值创造效应的稳健性回归结果见表6-10和表6-11，其中表6-10的列（1）～（4）是高管团队年龄异质性 TMTA 的回归结果，列（5）～（8）是高管团队任期异质性 TMTT 的回归结果；表6-11的列（1）～（4）是高管团队性别异质性 TMTG 的回归结果，列（5）～（8）是高管团队学历异质性 TMTE 的回归结果；稳健性回归结果与前述基本一致，表明本章研究结论是稳健的。

表6-9　高管团队异质性对产业政策并购决策效应的稳健性检验结果

变　量	（1） MA	（2） MA	（3） MA	（4） MA	（5） PATH	（6） PATH	（7） PATH	（8） PATH
IP	−0.028	−0.097*	−0.010	0.121*	0.021	0.201*	0.064	0.208
	（−0.385）	（−1.808）	（−0.225）	（1.678）	（0.130）	（1.754）	（0.662）	（1.399）
TMTA	−0.417				−1.788***			
	（−1.185）				（−3.034）			
IP×TMTA	0.436				0.926			
	（0.981）				（0.934）			
TMTT		−0.084				−0.295***		
		（−1.363）				（−3.109）		
IP×TMTT		0.220***				−0.031		
		（2.766）				（−0.183）		
TMTG			0.202*				−0.760***	
			（1.871）				（−4.371）	
IP×TMTG			0.200				0.413	
			（1.423）				（1.332）	
TMTE				0.250***				0.397***
				（2.684）				（2.640）
IP×TMTE				−0.142				−0.050
				（−1.140）				（−0.195）
_cons	−0.949***	−0.939***	−1.165***	−1.185***	0.841	0.297	0.758	0.064
	（−3.395）	（−3.456）	（−4.253）	（−4.313）	（1.410）	（0.513）	（1.293）	（0.109）
Control	Yes	Yes	Yes	Yes	Yes	Yes	Yes	Yes
Year	Yes	Yes	Yes	Yes	Yes	Yes	Yes	Yes
pseudo R²	0.029	0.029	0.030	0.029	0.020	0.021	0.022	0.020

表6-10　　　　　　　　高管团队异质性（年龄和任期）

对产业政策并购价值创造效应的稳健性检验结果

变量	(1) ΔROA_1	(2) ΔROA_2	(3) ΔROE_1	(4) ΔROE_2	(5) ΔROA_1	(6) ΔROA_2	(7) ΔROE_1	(8) ΔROE_2
IP	0.009	−0.009	0.030	−0.022	0.004	0.023***	0.011	0.106***
	(0.914)	(−0.804)	(0.819)	(−0.554)	(0.528)	(2.977)	(0.478)	(4.101)
TMTA	−0.053*	−0.118***	−0.120	−0.358**				
	(−1.694)	(−2.998)	(−0.883)	(−2.375)				
IP×TMTA	−0.012	0.111	−0.089	0.387				
	(−0.189)	(1.526)	(−0.390)	(1.595)				
TMTT					−0.014***	0.013**	−0.036	0.021
					(−2.757)	(2.117)	(−1.567)	(0.792)
IP×TMTT					0.006	−0.024**	0.010	−0.106**
					(0.593)	(−1.980)	(0.248)	(−2.515)
_cons	−0.085**	−0.004	−0.161	−0.081	−0.103***	−0.033	−0.205	−0.185
	(−2.463)	(−0.101)	(−1.126)	(−0.562)	(−3.042)	(−0.899)	(−1.475)	(−1.307)
Control	Yes	Yes	Yes	Yes	Yes	Yes	Yes	Yes
Year	Yes	Yes	Yes	Yes	Yes	Yes	Yes	Yes
Adj-R^2	0.112	0.039	0.064	0.028	0.113	0.039	0.065	0.029

表6-11　　　　　　　　高管团队异质性（性别和学历）

对产业政策并购价值创造效应的稳健性检验结果

变量	(1) ΔROA_1	(2) ΔROA_2	(3) ΔROE_1	(4) ΔROE_2	(5) ΔROA_1	(6) ΔROA_2	(7) ΔROE_1	(8) ΔROE_2
IP	0.006	−0.003	−0.009	0.014	0.014	−0.012	0.104***	0.018
	(0.963)	(−0.387)	(−0.445)	(0.601)	(1.388)	(−1.162)	(3.112)	(0.441)
TMTG	0.001	−0.007	−0.040	−0.052				
	(0.054)	(−0.684)	(−0.998)	(−1.175)				
IP×TMTG	0.006	0.040*	0.093	0.093				
	(0.267)	(1.789)	(1.395)	(1.218)				
TMTE					0.005	−0.022**	0.097**	−0.003
					(0.688)	(−2.272)	(2.496)	(−0.081)
IP×TMTE					−0.012	0.037**	−0.157***	0.040
					(−0.651)	(2.010)	(−2.660)	(0.562)
_cons	−0.100***	−0.030	−0.180	−0.141	−0.102***	−0.018	−0.252*	−0.166
	(−2.929)	(−0.798)	(−1.274)	(−0.995)	(−2.969)	(−0.494)	(−1.754)	(−1.163)
Control	Yes	Yes	Yes	Yes	Yes	Yes	Yes	Yes
Year	Yes	Yes	Yes	Yes	Yes	Yes	Yes	Yes
Adj-R^2	0.111	0.038	0.064	0.028	0.111	0.039	0.066	0.027

6.6 ——————————— 本章小结 ———————————

在第 4 章和第 5 章研究基础上，本章从高管团队异质性角度探究了高管的人口统计特征差异，即性别异质性、学历异质性、年龄异质性和任期异质性对产业政策并购效应的影响；采用 2007—2019 年中国沪深 A 股非金融类上市公司的数据为研究样本，在高层梯队理论、信息决策理论和社会分类理论等理论基础上，对高管团队异质性的作用机制进行理论分析和实证检验。研究结果表明：

（1）高管团队年龄异质性对产业政策与并购决策选择之间的调节效应不显著，对产业政策与专业化并购目标公司选择之间的调节效应不显著，对产业政策与并购绩效之间关系的调节作用不显著。

（2）高管团队任期异质性对产业政策与并购决策选择之间的调节效应为正值，对产业政策与专业化并购目标公司选择之间的调节效应不显著，对产业政策与并购绩效之间关系的调节作用不显著。

（3）高管团队性别异质性对产业政策与专业化并购目标公司选择之间的调节效应显著为正，产业政策与并购决策选择之间的调节效应不显著，对产业政策与并购绩效之间关系的调节作用不显著。

（4）高管团队学历异质性对产业政策与并购决策之间的关系起到抑制作用，对产业政策与专业化并购目标公司选择之间的关系不显著，对产业政策和一年期并购绩效之间关系起到抑制作用。

综上所述，任期异质性促进了产业政策并购决策效应，这主要由于任期异质性所带来的对产业政策的理解差异、认知能力为企业决策带来了多样性的观点，体现了信息决策理论的观点；性别异质性促进了产业政策并购目标公司的选择效应，由于性别差异者的风险意识不同，性别异质性避免了对投资的过度保守与激进，能合理配置公司资源，促使受产业政策支持的企业利用政策红利进行并购以扩大公司规模，并可进一步通过专业化并购扩大产业政策红利；学历异质性对产业政策的并购决策效应和并购价值一年期创造效应起到抑制作用，由于学历异质性所带来的对产业政策的理解不同，导致达不成一致观点，不利于企业做出合理的决策，根据社会分类理论的观点，由于任期和学历带来的差异使得高管团队成员之间心理距离拉大，亲近感和归属感降低，甚至引发歧视，导致企业"行为整合"愈发困难，降低决策质量，不利于产业政策并购效应的发挥。由此可见，高管团队异质性有利有弊，一方面要发挥各个人口统计特征的优势，另一方面要多加沟通交流，使高管团队异质性发挥更好的作用，促进企业并购高质量发展。

▶ 第 7 章 ◀
产业政策影响企业并购的案例研究

7.1 ——————————————— 引言 ———————————————

案例研究是理解特定情况或特定条件下行为的过程。在研究过程中，通过将研究重点放在捕捉社会经济现象片段的真实细节上，而无须预先严格设定或梳理清楚其中蕴藏的诸多变量之间的复杂关系，可以回答"为什么"和"怎么样"的问题（Yin，1994）。企业产权的复杂性、区域市场化程度的差异、企业行业的多样性以及其他管理的权变性，导致不同企业的并购动机及其后果存在很多具有研究价值的独特性。

目前，世界百年未有之大变局加速演进，全球大国竞争不断加剧，推进"一带一路"高质量发展成为我国参与全球大国竞争的战略依托。改革开放以来，我国在对外开放、积极融入经济全球化进程中取得了显著成就，但是面对日益严峻的国际竞争和纷繁复杂的国际贸易环境，对外开放需持续深入推进。2013 年，国家主席习近平提出"丝绸之路经济带"和"21 世纪海上丝绸之路"的合作倡议，简称"一带一路"倡议，旨在通过政策沟通、设施联通、贸易畅通、资金融通和民心相通，实现中国与共建"一带一路"国家共同发展（盛斌和孙天昊，2022）。

随着"一带一路"倡议的提出，越来越多的国家和国际组织积极参与和支持"一带一路"建设，不断拓展合作的区域和领域，探索和尝试新的合作模式，让众多领域迎来新的发展机遇。中国国务院新闻办公室发布的数据显示，截至 2023 年 10 月，中国已经与包括中亚国家在内的150 多个国家和 30 多个国际组织签署了共建"一带一路"合作文件，2013—2022 年中国累计对共建国家的直接投资超过 2 400 亿美元。

根据"企业主体、市场运作、政府引导、国际规则"的原则，中国企业的"走出去"要配合国家战略，优先考虑"一带一路"（汤敏，2015），跨国并购是企业参与"一带一路"倡议建设的重要方式。国家发展改革委、外交部、商务部等在 2015 年发布《推动共建丝绸之路经济带和 21 世纪海上丝绸之路的愿景与行动》，在 2017 年发布《关于进一步引导和规范境外投资方向的指导意见》，为国内企业在共建"一带一路"国家实施并购提供了良好的政策基础。根据普华永道（PwC）的统计，2018 年中国大陆企业在共建"一带一路"国家累计跨国并购交易量 160 件，跨国并购金额达到 140 亿美元，较 2014 年 71 亿美元的交易额，实现了 97% 的增长。[①]在"一带一路"倡议下，中国企业积极在共建"一带一路"国家进行跨国并购活动，成为企业进行国际化布局的重要实践。因此，本章采取案例研究的方法，基于"一带一路"倡议研究企业跨国并购的动机和后果。

7.1.1 "一带一路"倡议的发展演变

关于"一带一路"倡议的发展，基于核心内涵和空间格局的演变，可分为初级发展、持续发展和深入发展三个发展阶段（周进，2023），见表 7-1。

1）初级发展阶段

2013 年 9 月，习近平总书记在哈萨克斯坦纳扎尔巴耶夫大学发表题为《弘扬人民友谊 共创美好未来》的重要演讲，首次提出"一带一路"构想，同年 10 月，习近平总书记在印度尼西亚国会发表《携手建设中国-东盟命运共同体》的重要演讲。这两次演讲全面阐述了中国对中亚国家、东

---

① 普华永道. 2018 年中国企业并购市场回顾与 2019 年展望 [R/OL]. [2019-03-11]. https://www.pwccn.com.

表7-1 **"一带一路"倡议的发展演变**

阶段划分	初级发展阶段	持续发展阶段	深入发展阶段
核心内涵	中国扩大开放	合作方战略对接	人类命运共同体
空间格局	线（一维）	面（二维）	体（多维）
覆盖国家	122个（至2018年）	145个（至2021年）	—
合作方式	中方倡议	双边或多边区域合作	全球共建

盟国家的睦邻友好合作政策，倡议用创新的合作模式，共同建设"丝绸之路经济带"与"21世纪海上丝绸之路"，"一带一路"倡议正式提出。在该阶段，"一带一路"倡议以中国扩大开放为核心内涵，通过系列理念与愿景的阐述，由战略构想逐步走向务实开展，主要以中方主导的形式通过"一带一路"贯通东亚经济圈与欧洲经济区之间的广大腹地国家以共谋发展，形成线性空间布局，为中国以及全球发展开拓增长新战略。截至2018年，与中国签订共建"一带一路"文件的国家增至122个。

2）持续发展阶段

2018年8月，在推进"一带一路"建设工作5周年座谈会上，习近平总书记指出"一带一路"要聚焦重点、精雕细琢，共同绘制好精谨细腻的"工笔画"，"一带一路"倡议进入重要的持续发展阶段。在该阶段，"一带一路"倡议以合作方战略对接为核心内涵，通过顶层设计重点推动"一带一路"持续发展；合作方式以双边或多边的区域合作为主，促进中国和共建"一带一路"国家的双边或者多边合作，构建多个国际合作平台，串联多方合作互通，形成由"线"到"面"的二维空间布局。开放空间从沿海、沿江向内陆、沿边延伸，逐步形成陆海内外联动、东西双向互济的开放新格局，并逐步向人类命运共同体的发展内涵过渡。截至2021年，与中国签订共建"一带一路"文件的国家已增长至145个。

3）深入发展阶段

2021年11月，在第三次"一带一路"建设座谈会上，习近平总书记强调："完整、准确、全面贯彻新发展理念，以高标准、可持续、惠民生为目标，巩固互联互通合作基础，拓展国际合作新空间，扎牢风险防控网络，努力实现更高合作水平、更高投入效益、更高供给质量、更高发展韧性，推动共建'一带一路'高质量发展不断取得新成效。""一带一路"倡议进入深入发展阶段。在该阶段，"一带一路"倡议以人类命运共同体为核心内涵，将"一带一路"空间战略布局由"面"转"体"，以全球利益相连、命运与共为指向，引领"一带一路"倡议实现多维深层次发展。

7.1.2 "一带一路"倡议下企业跨境并购的总体概况

为更加直观地了解"一带一路"倡议下企业跨国并购的总体情况，根据前瞻产业研究院关于全球与中国跨国并购金额的相关数据、国家开发银行等的《"一带一路"经济发展报告》以及 2012—2021 年《中国对外直接投资统计公报》中关于中国对外兼并收购的相关数据，从跨国并购交易金额和并购交易数量两方面，经过整理分析后形成了中国境内企业对共建"一带一路"国家跨国并购交易金额图（如图 7-1 所示）和中国境内企业对共建"一带一路"国家跨国并购交易数量图（如图 7-2 所示）。

交易规模（亿美元）

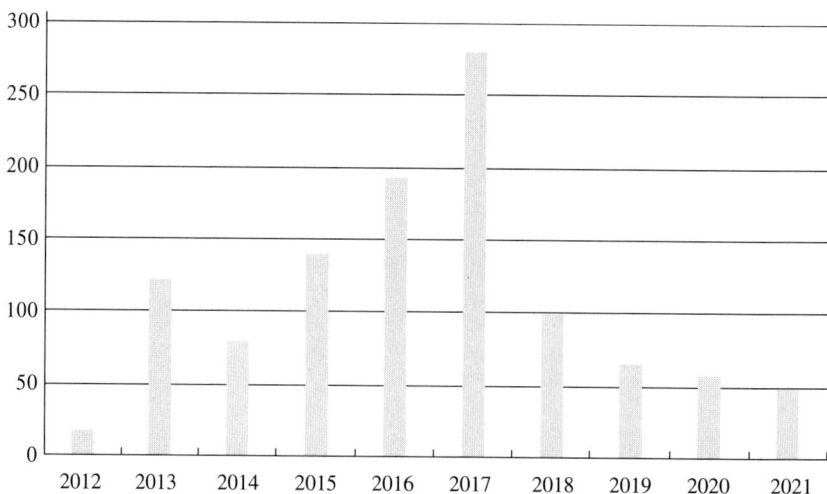

图7-1　中国境内企业对共建"一带一路"国家跨国并购交易金额图

从图 7-1 对共建"一带一路"国家的跨国并购交易金额可以看出，通过"一带一路"建设，随着中国与其他国家沟通的日益畅通以及更多互惠、共赢协议的订立，中国企业对共建"一带一路"国家的跨国并购交易金额大幅增长。2012 年我国对共建"一带一路"国家跨国并购交易金额仅为 17 亿美元，自 2013 年"一带一路"倡议提出以来，我国对共建"一带一路"国家跨国并购交易金额增长至 122 亿美元，同比增长约 618%；2017 年并购交易金额增长至 280 亿美元。但是，从 2018 年开始，受国内外各种因素以及新冠肺炎疫情的影响，对共建"一带一路"国家跨国并购交易金额开始减少。

并购数量（件）

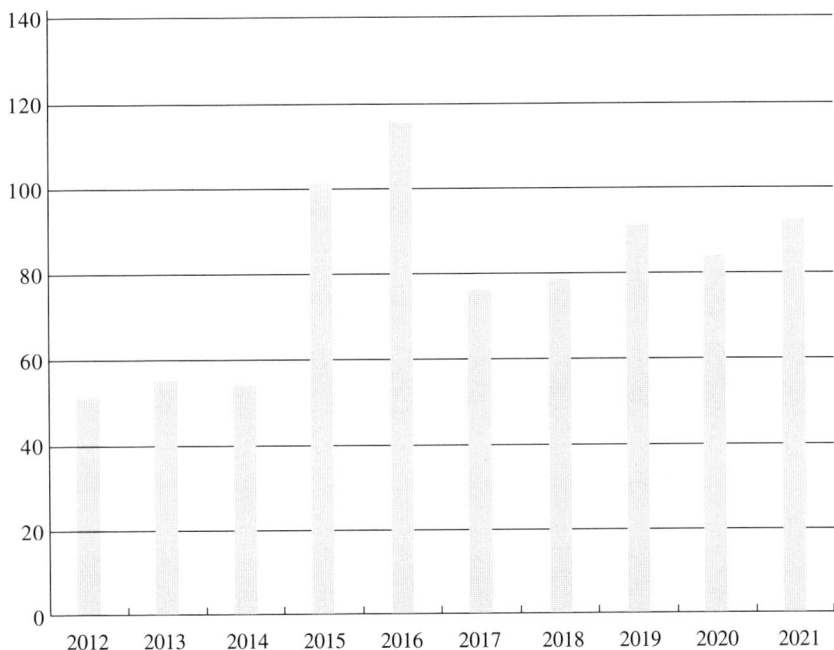

图7-2　中国境内企业对共建"一带一路"国家跨国并购交易数量图

从图 7-2 的对共建"一带一路"国家跨国并购交易数量可以看出，2013 年中国企业对共建"一带一路"国家跨国并购数量相较 2012 年实现增长，至 2016 年增加至 115 件。2017 年，政府出台了一系列规范和引导境外投资的政策①，受此影响，企业在共建"一带一路"国家的跨国并购

---

①　根据商务部 2017 年中国对共建"一带一路"国家的投资合作情况的分析，2016 年底以来，中国有关部门加强了对外投资的真实性、合规性审查。2017 年 8 月，国务院发布了《关于进一步引导和规范境外投资方向的指导意见》，明确将境外投资项目分成了鼓励开展、限制开展和禁止开展三类情况。发改委、商务部、人民银行、外汇局等部门则陆续出台企业对外投资监管文件，一方面鼓励境内企业参与"一带一路"建设和国际产能合作；另一方面有效防范对外投资风险。因此，从 2017 年数据来看，中企海外并购经历了上半年的走高、年中"急冻"和下半年逐步缓慢升温。

交易数量在 2017 年出现下降，但从 2018 年之后就基本保持稳定，2019—2021 年，跨国并购交易数量基本保持在 80～100 件之间。

综合图 7-1 和图 7-2，在一定程度上反映出"一带一路"倡议所带来的企业跨国并购热潮，共建"一带一路"国家逐渐成为企业跨国并购东道国的重要选择。

7.1.3 "一带一路"倡议下企业跨国并购的案例选择

本章基于山东省上市公司在共建"一带一路"国家的并购事件进行案例研究。山东省北承京津冀经济圈，南接长江经济带，东临浩瀚的黄渤海，西接中原腹地，是"一带一路"倡议中陆路和海路的连接点，是"一带一路"倡议的重要衔接点。在国家政策的鼓励和山东省政府的支持下，山东企业积极参与共建"一带一路"倡议，近年来不断有企业选择在共建"一带一路"国家进行并购。

通过对国泰安并购数据库中 2013—2020 年山东省进行跨国并购的上市公司的筛选结果，考虑到案例选择的代表性和数据可获得性，本部分选择青岛海尔 2017 年的"一带一路"并购事件、鲁泰纺织 2015 年的"一带一路"并购事件、中宠股份 2018 年的"一带一路"并购事件作为案例进行研究。

1）青岛海尔 2017 年的"一带一路"并购事件

青岛海尔股份有限公司（简称青岛海尔）是全球领先的美好生活和数字化转型解决方案服务商，在 2017 年收购新西兰 PML 公司全部股权。根据青岛海尔的并购公告，此次股权收购构成关联交易，实质是青岛海尔为了避免同业竞争而实施的同一控制下的股权并购。

2）鲁泰纺织 2015 年的"一带一路"并购事件

鲁泰纺织股份有限公司（简称鲁泰纺织）是目前全球范围内高档色织面料生产商和一线衬衫品牌制造商，在全球高端色织布行业处于龙头地位。2015 年，鲁泰纺织收购了鲁泰（越南）有限公司100% 股权。与传统跨国并购目标公司选择不同，此次收购是鲁泰纺织同一控制下的内部重组，但从时间节点看，本质是鲁泰纺织间接对越南进行绿地投资。

3）中宠股份 2018 年的"一带一路"并购事件

中宠食品股份有限公司（简称中宠股份）是中国宠物行业的龙头企业，是目前国内拥有较长且完整产品线的宠物食品公司，在 2018 年对新西兰 ZEAL 品牌的拥有企业 NPTC 进行收购，是典型的非同一控制下的跨国并购交易。

7.2 —————青岛海尔的并购案例分析—————

7.2.1 并购案例介绍

2017 年，青岛海尔与斐雪派克签署《股权转让协议》，协议约定，公司境外子公司拟以现金对价方式受让斐雪派克所持 PML 公司 100% 股权。青岛海尔、斐雪派克及目标公司 PML 公司的实际控制人都是海尔集团，所以本次交易属于同一控制下的控股合并，交易完成后，PML 公司成为青岛海尔的境外全资子公司，纳入青岛海尔合并报表编制范围。

1）并购交易方

（1）并购企业

青岛海尔 1989 年成立于中国青岛，1993 年在上交所 A 股上市，2018 年在德国法兰克福 D 股上市，实际控制人是海尔集团，公司以家用电器研发、生产与销售为主营业务，致力于实现全球首个物联网智慧家庭生态品牌的引领。[①]青岛海尔为开拓海外市场，进行全球化布局，分别于 2016 年收购美国通用电气、2017 年收购新西兰 PML 公司、2019 年收购意大利 Candy 公司，具体见表 7-2，其中青岛海尔收购 PML 公司的东道国在新西兰，属于在共建"一带一路"国家并购。因此，本案例以此次 PML 公司的股权收购为基础，进行案例分析。

—————

① 2019 年，"青岛海尔股份有限公司"更名为"海尔智家股份有限公司"，证券简称由"青岛海尔"变更为"海尔智家"，此次变更海尔智家是公司顺应物联网时代要求，以智慧家庭创建物联网时代的生态品牌。

表7-2 2011—2020年海尔集团跨国并购情况表

并购年份	被并购企业	目标企业东道国	"一带一路"并购	收购方
2012 年	三洋电机	日本	不属于	海尔集团
2012 年	斐雪派克	新西兰	属于	海尔集团
2016 年	通用电气	美国	不属于	青岛海尔
2017 年	PML 公司	新西兰	属于	青岛海尔
2019 年	意大利 Candy	意大利	不属于	青岛海尔

（2）转让方

Fisher & Paykel Appliances Limited（简称"斐雪派克"）是海尔集团的境外子公司，创立于1934年，主要经营高端家用电器，是新西兰著名的厨房电器制造商，其业务遍及全球多个国家和地区。2009年海尔集团收购了斐雪派克约20%的股份，2012年海尔集团以每股1.28新西兰元的要约收购价格成功收购其超过90%的股份，并强制收购斐雪派克剩余股份，海尔集团此次收购总共花费约9.27亿新西兰元，实现对斐雪派克的完全控制。

（3）目标企业

Fisher & Paykel Production Machinery Limited（简称"PML公司"）成立于1985年9月，属于斐雪派克的全资子公司，主要从事自动化及定制化智能装备制造等业务。2016年度，PML公司经审计的营业收入约为人民币1.3亿元、净利润约为人民币550万元。PML公司团队创新能力卓越，具备丰富的高端装备制造领域的柔性制造和大规模定制的专业知识，以及为制造业提供高质量生产线的经验，拥有先进的智能装备设计和制造技术，尤其是其COSMOline系统的开发应用，已不局限于家电装备制造业，可应用于到其他制造业领域。

2）并购过程

2017年6月20日，青岛海尔发布公告，拟通过境外子公司以支付现金的形式购买海尔集团公司下属境外子公司斐雪派克公司所持PML公司100%股权。并购交易于2017年9月30日完成，本次交易，青岛海尔境外子公司支付给斐雪派克约 4 861.55 万美元（约为 3.31 亿元人民币）。[①]

青岛海尔对并购相关风险的考量。PML 公司原为海尔集团境外子公司斐雪派克的全资子公司，青岛海尔从 2015 年受托管理斐雪派克的资产与业务，青岛海尔对 PML 公司的财务状况和运营绩效具有相对深入的了解，减少了并购交易双方的信息不对称，[②]降低了并购交易风险。PML 公司净资产账面价值约为 5 260 万元，资产基础法评估的股东权益价值约为 6 287 万元，收益法评估的股东权益价值约为 36 671 万元。本次交易最终依据收益法评估价值进行并购支付，并购溢价 597.17%，采用现金支付方式。2016 年年底，青岛海尔的货币资金超过 38 亿元人民币，收购 PML 公司需支付金额为 3.31 亿元人民币，从货币资金来看，青岛海尔自有现金持有水平可以满足企业对 PML 公司的收购支付，在一定程度上降低了企业的并购资金风险。企业如不能充分考虑到被并购企业的文化、制度、运营和管理差异，便很难实现跨国并购的价值创造。海尔集团在 2012 年发起对斐雪派克的要约收购，实现对其 100% 的全面控制。2015 年 5 月 25 日，青岛海尔受托对集团持有的斐雪派克公司的相关资产进行经营管理。2017 年 9 月，青岛海尔通过境外子公司完成对 PML 公司 100% 的股权收购。这种渐进的并购模式有助于加强青岛海尔对 PML 公司的整合，降低并购整合风险。

7.2.2 并购动因分析

1）有利于加强公司对 PML 公司的控制

为实现并购目的、创造并购价值，企业需要对被并购企业进行全方位的整合，以达到合理优化配置资源、发挥协同效应的作用。集团管控是集团为实现整体的经营和战略目标，对子公司采用的一种控制方式和措施。青岛海尔收购 PML 公司，可以增强青岛海尔在 PML 公司的决策制定和运营方面的直接控制权。这种集团内部的控制强化，有助于更有效地整合青

---

① 青岛海尔股份有限公司董事会.青岛海尔股份有限公司关于受让 Fisher & Paykel Production Machinery Limited100% 股权暨关联交易的公告［EB/OL］.［2017-06-21］. http://www.cninfo.com.cn.

② 青岛海尔股份有限公司董事会.青岛海尔拟收购 Fisher&Paykel Production Machinery Limited 股权评估项目所涉及的 Fisher&Paykel Production Machinery Limited 股东全部权益评估报告书［EB/OL］.［2017-06-21］. http://www.cninfo.com.cn.

岛海尔与 PML 公司之间的业务运营。此外，通过收购 PML 公司，青岛海尔也能够更好地统一战略方向和目标，从而有利于实现 PML 公司与青岛海尔的整体战略一致性。

2）有利于提升国际竞争力

企业通过跨国并购，拓展海外客户市场，是实现全球化品牌战略，提升国际竞争力的重要方式。PML 公司具备从工厂规划咨询、智能生产装配专机设计、装备生产制造、装备与工厂运营软件、生产装配系统集成到智能化服务的全价值链能力。PML 公司在直驱电机和家电钣金生产装备制造领域为全球细分市场冠军，在亚洲、欧洲、美洲等国家和地区均有客户。通过本次并购，有助于充分发挥并购双方的国际市场协同效应，进一步扩大青岛海尔和 PML 公司的全球品牌认可度，提升双方的国际竞争力，增强企业国际竞争优势。

3）有利于履行同业竞争相关的资本市场承诺

《上市公司治理准则》第二十七条规定，控股股东及其下属的其他单位不应从事与上市公司相同或相近的业务，控股股东应采取有效措施避免同业竞争。控股股东可能利用上市公司的技术、销售渠道等资源，投资或经营类似的公司，导致上市公司的经营业务与控股股东形成竞争关系，从而损害上市公司股东的利益。2012 年，海尔集团收购斐雪派克承诺将严格遵守解决同业竞争减少关联交易的承诺；2015 年，由于海尔集团与斐雪派克尚处于整合期，海尔集团决定延缓向公司注入斐雪派克相关资产，海尔集团与青岛海尔签订托管协议，海尔集团将其持有的斐雪派克相关资产委托青岛海尔进行经营和管理。2017 年，青岛海尔收购 PML 公司是解决斐雪派克与青岛海尔之间同业竞争的重要举措。

4）有利于实现资源和技术协同效应

资源基础观强调重新配置资源，以寻求现有资源与新资源之间的平衡与配置（Wernerfelt，1984），在此基础上，Teece et al.（1997）提出动态能力理论，认为企业具有整合、构建和重新配置内外部资源以迅速应对环境变化的能力。基于资源基础理论，目标公司拥有的优势资源和技术有利于满足企业战略布局的需要。海尔一直致力于推进智慧家庭商业模式，构建 COSMOPlat 智能制造数字化平台。PML 公司的智能装备技术有利于实现资源和技术协同效应，对推进海尔智能制造新产业布局具有非常重要的作用。PML 公司的 COSMOline 系统①是 PML 公司研发的智能制造数字化平台，可收集、分析设备的效率和状态，提高设备的生产力。通过整合并购双方的资源和技术，将 PML 公司研发的 COSMOline 融入 COSMOPlat，有利于推进智能装备业务平台建设和推广，提升青岛海尔在家电智能制造方面的竞争能力，提高公司在家电生产行业的智能装备整体解决方案能力，最终有利于实现海尔智能制造产业战略布局。

5）基于"一带一路"倡议的东道国选择动因

企业进行跨国并购需要考虑东道国的政治、经济、文化等外部制度差异的影响。本案例中，PML 公司坐落于新西兰，新西兰政局稳定，中新两国政治关系友好，人文联系紧密，经济发展空间大。多年来，双方致力于友好合作，签署了多项有利于双方共同发展的文件。新西兰是第一个与中国签署自由贸易协定的发达国家，也是第一个同中国签署"一带一路"协议的西方发达国家。2008 年，中国与新西兰签署了《中新自由贸易协定》，该协定是我国签署的第一个涵盖货物贸易、服务贸易、投资等多个领域的双边全面自贸协定，这一举措有助于双方进一步加深相互理解、相互联通，推动企业走出国门，加强对外的联系与合作。2017 年，双方签署了《中华人民共和国政府和新西兰政府关于加强"一带一路"倡议合作的安排备忘录》，主要包括合作目标、合作原则、合作领域、分歧解决、文本修改、生效与终止和其他条款等内容，提出双方将共同加强合作与交流，以支持"一带一路"倡议、实现两国共同发展目标，双方希望加强区域间互联互通，推动交通、经贸、农业技术、投资、科技创新、旅游及其他领域合作，促进地区和平与发展。以"一带一路"为契机，有利于双方企业开展务实合作。"一带一路"倡议合作以及新西兰的制度环境，为我国企业在新西兰的并购活动提供了重要的政策动因。

---

① 根据并购公告，智能制造的数字化平台 COSMOline，包括生产线管理模块、效率模块、质量模块、维护模块、环境模块、报表模块和控制模块等，能与制造装备实现全方位集成，通过云端将工厂、研发中心、供应商和客户连在一起，并对各个流程环节实施有效透明的管理，保证产品质量、生产系统柔性、资源使用效率最大化。

7.2.3 并购后果分析

本节主要从短期绩效和长期绩效两方面，对并购后果进行分析，案例分析数据主要来源于上市公司年报和 CSMAR 数据库。

1）并购短期绩效分析

本章采用事件研究法对并购短期绩效进行分析。参照赵乐和王琨（2020）、张志平等（2020）的做法，首先采用市场模型（7-1），利用估计期数据，通过最小二乘法估计系数 α 和 β，其中，R 是考虑现金红利再投资的日个股回报率，RM 是流通市值加权平均法的日市场收益率，ε 表示回归残差；然后按照模型（7-2），计算个股超额收益率 AR；最后按照模型（7-3），计算累计超额收益率 CAR。

$$R=\alpha + \beta RM + \varepsilon \tag{7-1}$$

$$AR=R-E(R) \tag{7-2}$$

$$CAR=\sum AR \tag{7-3}$$

案例选用并购首次公告日作为事件日（T=0）；事件窗口期确定为（-30，30）；估计期为（-150，-31），即事件日前 150 到前 31 个交易日，共 120 个交易日。在事件窗口期的超额收益率 AR 和累计超额收益率 CAR 见表 7-3，趋势图分别如图 7-3 和图 7-4 所示。

表7-3　　　　　　青岛海尔并购事件期的AR和CAR值表

T	AR	CAR	T	AR	CAR	T	AR	CAR
-30	1.127	1.127	-20	1.325	0.574	-10	-1.066	5.128
-29	-3.126	-1.999	-19	1.602	2.175	-9	2.161	7.288
-28	0.277	-1.722	-18	-0.175	2.001	-8	-0.700	6.588
-27	2.649	0.927	-17	-1.815	0.186	-7	0.474	7.062
-26	-1.258	-0.331	-16	2.323	2.509	-6	-0.945	6.117
-25	-0.311	-0.642	-15	1.160	3.669	-5	-4.330	1.787
-24	0.095	-0.547	-14	1.610	5.280	-4	-2.131	-0.345
-23	-1.371	-1.918	-13	-0.899	4.381	-3	-0.795	-1.140
-22	0.183	-1.735	-12	-0.594	3.787	-2	0.829	-0.311
-21	0.984	-0.751	-11	2.407	6.194	-1	-1.989	-2.300

T=0			AR=4.310			CAR=2.010		
T	AR	CAR	T	AR	CAR	T	AR	CAR
1	−2.367	−0.357	11	−1.315	−4.707	21	2.668	−5.126
2	2.936	2.579	12	−0.611	−5.318	22	−0.800	−5.926
3	1.782	4.360	13	−0.543	−5.861	23	0.858	−5.068
4	−0.070	4.290	14	2.409	−3.452	24	−1.845	−6.913
5	−1.464	2.826	15	−2.470	−5.921	25	−1.633	−8.546
6	−0.305	2.521	16	−1.320	−7.242	26	−1.791	−10.337
7	−0.275	2.246	17	0.389	−6.853	27	−0.688	−11.025
8	−3.541	−1.295	18	1.594	−5.258	28	−0.566	−11.591
9	−2.164	−3.459	19	−1.559	−6.817	29	−0.223	−11.814
10	0.067	−3.392	20	−0.977	−7.794	30	−1.012	−12.825

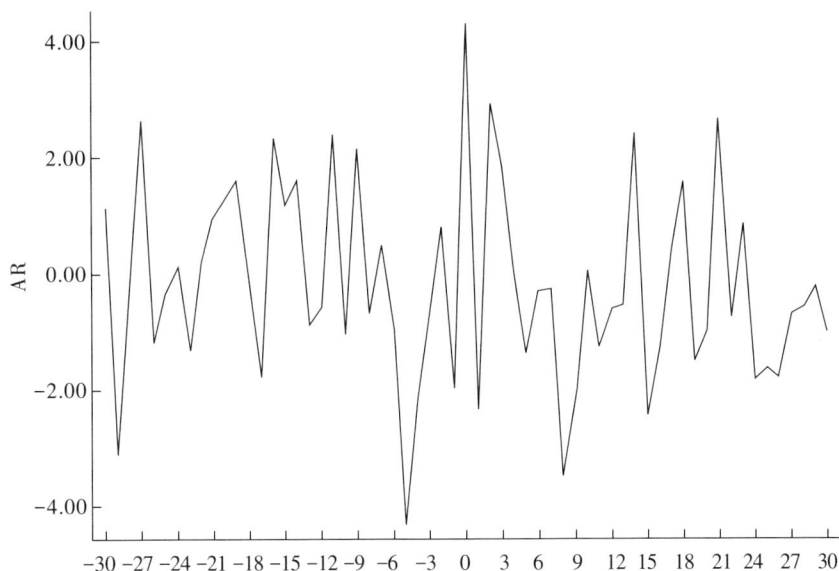

图7-3 青岛海尔并购 (−30, 30) AR 趋势图

在超额收益率 AR 方面，从表 7-3 和图 7-3 可以看出，并购事件日前，AR 基本在 (−2, 2) 之间上下波动；在并购公告的事件日 (T=0)，AR 显著上升，达到了事件窗口期内的最高值 4.310%，表明市场对此次并购交易的积极态度；T=1 时，AR 降至−2.367%，说明投资者对此次并购事件开始较为谨慎；在 T=2 时，AR 又上升到 2.936%，表明市场仍持积

极态度。但是在 T=（4，30）时段内，市场对公告的反应已经开始调整，青岛海尔的超额收益率 AR 基本又在（-2，2）之间上下波动，这表明投资者的投资情绪趋于谨慎，本次并购对市场的影响逐渐减弱。

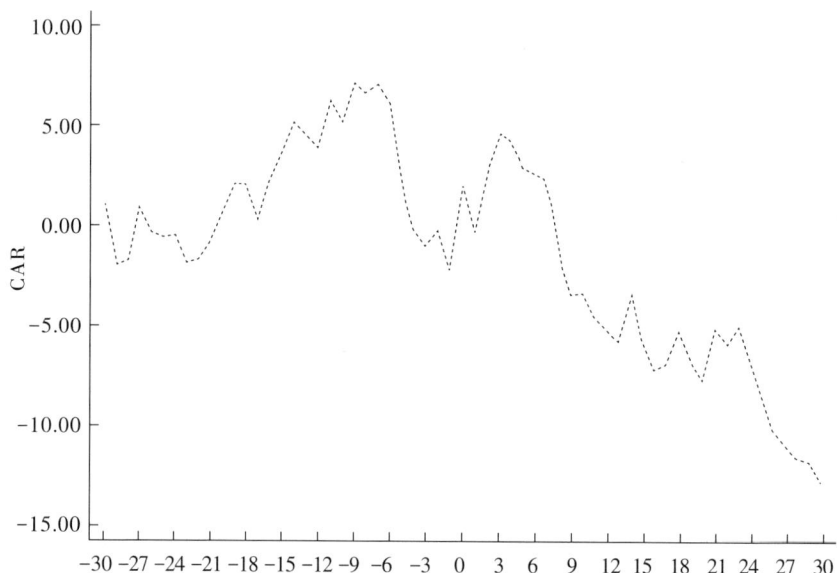

图7-4　青岛海尔并购（-30，30）CAR趋势图

在累计超额收益率 CAR 方面，从表 7-3 和图 7-4 可以看出，T=（0，3）时段内，CAR 快速上涨达到 4.360%，表明青岛海尔的并购消息发布后，是一个利好消息，市场反应积极。然而，累计超额收益率 CAR 在 T=（4，30）时段内持续下跌，表明经过短暂的 3 天后，市场对这一并购信号已逐渐消化吸收。

2）并购长期绩效分析

对于并购长期绩效的分析，用并购年度前后 1 年、2 年和 3 年的总资产收益率 ROA、净资产收益率 ROE 和 TobinQ 的差值进行分析，分别用 [-1，1]、[-2，2] 和 [-3，3] 表示。由表 7-4 可以看出，$\Delta ROA_{-1,1}$、$\Delta ROA_{-2,2}$、$\Delta ROA_{-3,3}$ 均呈现负值，说明并购后 1～3 年的总资产收益率相较于并购前 1～3 年降低；$\Delta ROE_{-1,1}$、$\Delta ROE_{-3,3}$ 也为负值，并购后第 1 年和第 3 年的净资产收益率相较于并购前第 1 年和第 3 年也都降低，总资产收益率 ROA 和净资产收益率 ROE 的三年期变化，没有反映出此次并购长期绩效的积极影响。然而，$\Delta TobinQ_{-1,1}$、$\Delta TobinQ_{-3,3}$ 呈现正值，表明投资者对青岛海尔的经营状况和并购活动持积极态度，并对公司未来发展预期良好。

表7-4   青岛海尔长期并购绩效表

指标	ΔROA	ΔROE	$\Delta TobinQ$
［-1，1］	-0.004	-0.001	0.026
［-2，2］	-0.005	0.020	-0.035
［-3，3］	-0.040	-0.102	0.596

收购海外品牌，扩大海外业务布局是青岛海尔进行全球化布局的重要方式，青岛海尔 2015 年从集团收购海外白色家电业务，2018 年从集团收购海尔新西兰公司 100% 股权，而海尔新西兰公司是斐雪派克的控股子公司；所以，从 2015 年到 2019 年，青岛海尔先后完成对日本三洋电机公司的日本及东南亚白色家电业务、美国通用电气公司的家电业务、斐雪派克、Candy 公司等的收购，是海尔进行全球化战略发展的关键路径，业务协同促进了公司海外业务的发展。2022 年年报显示，青岛海尔在澳大利亚及新西兰实现收入 69.62 亿元，在澳大利亚主流渠道市场份额超过 18%，在新西兰的主导地位得到巩固，跨国并购极大促进了企业海外市场竞争的提升和业绩快速增长。

7.2.4 本节小结

本案例选取了青岛海尔并购 PML 公司的"一带一路"跨国并购案例作为研究对象，研究发现本次并购存在有利于加强公司对 PML 公司的控制、有利于提升国际竞争力、有利于履行同业竞争相关的资本市场承诺、有利于实现资源和技术协同效应，以及基于"一带一路"倡议的东道国选择等动因。并购短期绩效分析发现，在 T=（0，3）短期窗口内，CAR 快速上涨达到 4.360%，表明青岛海尔的并购消息发布后，是一个利好消息，市场反应积极；并购长期绩效分析发现，虽然三年变化期内$\Delta ROA_{-3,3}$和净资产收益率$\Delta ROE_{-3,3}$为负值，但是$\Delta TobinQ_{-3,3}$为正值，这可能与中美贸易摩擦、新冠肺炎疫情等多方面因素影响有关，但市场整体仍对青岛海尔的经营状况和并购活动持积极态度。

7.3 ——————鲁泰纺织的并购案例分析——————

7.3.1　并购案例介绍

1）并购交易方

（1）并购企业

鲁泰纺织股份有限公司是一家以领先面料为核心的全球化服装解决方案供应商，是目前全球高档色织面料生产商和国际一线品牌衬衫制造商。公司1988年在山东省淄博市成立，原为鲁诚纺织投资有限公司与泰国泰纶纺织有限公司共同设立的合资企业，1993年改制后成为股份制企业，1997年和2000年分别在深圳证券交易所主板 B 股市场和 A 股市场上市，创始人为刘石祯。鲁泰纺织主营业务为棉纱、色织布、印染面料、衬衣等的制造与营销，拥有从棉花育种、种植到纺纱、漂染、织布、整理、制衣生产等的完整产业链，产品远销美国、欧盟、日本等30多个国家和地区，与 Burberry、Calvin Klein、HUGO BOSS、Armani、Gucci、OLYMP、UNIQLO 等多个国际知名品牌商建立了战略合作关系。

（2）转让方

鲁泰（香港）有限公司（简称鲁泰（香港））是鲁泰纺织在香港投资成立的销售型全资子公司，成立于2002年，其主营业务为布匹、饰品和其他纺织品的制造与销售，此外还负责进出口贸易、市场信息搜集和咨询。

（3）目标企业

鲁泰（越南）有限公司（简称鲁泰（越南））是鲁泰（香港）新设立的全资子公司，成立于2015年4月，注册资本1 000万美元，总投资1.5亿美元，投资建设6万锭纺纱及年产3 000万米色织面料生产线项目，色织布是公司核心产品，建成后将是全球最大色织布基地。鲁泰（越南）主要从事纺纱和色织布生产，涵盖纺纱、漂染、织布、整理等工序，具有自动化程度高、产品档次高、装备水平高的特点。鲁泰（越南）的成立，进一步推动了鲁泰集团全面国际化的步伐，有助于提高其全球资源整合能力。

2）并购过程

2015年5月，为降低鲁泰越南项目后续建设投资的周转成本，提高资金的使用效率，以便更好地推进越南项目实施，鲁泰纺织决定以支付1 000万美元现金的方式收购鲁泰（越南）的100%股权。并购前后股权结构变动图如图7-5所示。

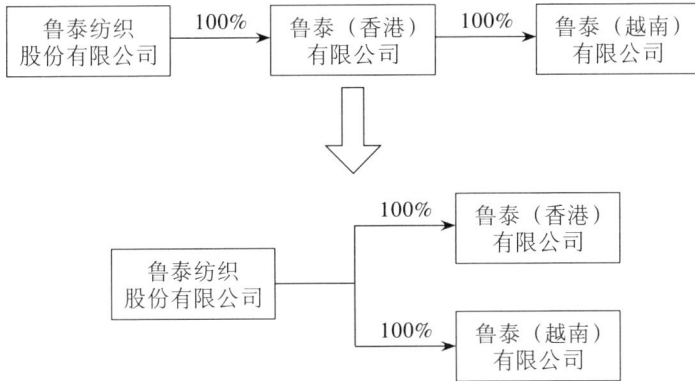

图7-5　并购前后股权结构变动图

鲁泰纺织对本次并购相关风险的考量。首先，鲁泰（越南）为鲁泰（香港）的境外子公司，鲁泰（香港）为鲁泰纺织的全资子公司，本次并购是母公司对下属子公司控制权结构的调整，不存在信息不对称等导致的交易风险，而且此次并购价格以鲁泰（香港）前期实际投入资金为准，所以不存在并购溢价风险。其次，2014年鲁泰纺织货币资金期末余额2.5亿元人民币，而收购鲁泰（越南）所需支付的金额为1 000万美元，这表明鲁泰纺织具备一定的现金储备，可以满足收购鲁泰（越南）时的现金支付，无须大量借款或融资，因此并购交易本身不会引起企业的资金流动性风险和融资风险；而且并购后还可以为鲁泰（越南）的持续投资建设提供更有保障的资金供给，为鲁泰（越南）项目的顺利实施奠定资金基础和组织保障。

7.3.2 并购动因分析

1）通过整合国内外优势资源促进国际化产能合理布局

资源驱动是中国纺织服装企业国际化的主要动机之一。2015年，纺织行业面临市场需求低迷、生产要素成本上升、棉花进口配额缩减等一系列外部不利因素，这些不利因素导致企业生产成本提高，产品出口竞争力减弱，加之东南亚纺织服装加工的快速崛起，使鲁泰纺织处于需求和成本的双重高压之下。为更好发挥公司在色织行业和衬衫加工方面的技术积累和品牌优势，高效整合国内外不同地区的资源优势，有效规避潜在贸易壁垒，公司迫切需要进行境外投资，充分利用共建"一带一路"国家在纺织业方面的资源优势，从而缓解资源困境，实现全面国际化产业布局，确保公司在全球色织行业的领先地位。此次跨国并购，有助于加快国际优势资源的整合，稳步推进海外生产基地建设，实现国际化产能合理布局，有助于公司构建稳固协调的国际产业链和价值链，进一步提升国际化水平。

2）有助于推进项目实施

鲁泰（越南）的设立，其目的是在越南建立海外生产基地，实现鲁泰纺织色织布产能的国际化布局。鲁泰（越南）前期建设投入资金主要来源于鲁泰纺织向全资子公司鲁泰（香港）的增资，随着鲁泰（越南）建设进度的推进，所需资金将大幅增加。将鲁泰（越南）的投资主体直接变更为鲁泰纺织，有助于降低项目后续建设投资的周转成本，提高资金的使用效率，以便更好地推进鲁泰越南项目的实施。截至2015年，鲁泰（越南）资产建设规模已达到2.2亿元，鲁泰纺织派驻主要管理人员对其进行管理。

3）东道国选择动因

中国纺织业生产要素成本持续提升，人均工资年均增速超过10%，工资水平远高于邻国，棉花价格持续3年高于国际市场30%以上（何涛等，2016）。以东南亚、南亚国家和地区为主的发展中国家或地区，正在成为中国纺织业传统成本优势的有力竞争者。降低产品成本、规避贸易壁垒、利用原料资源等成为纺织类企业跨国并购目标公司东道国选择的重要动因。首先，越南具有劳动力资源优势，越南经济基础相对稳定，劳动力资源丰富，越南人口接近 1 亿，人口平均年龄 30 多岁，适龄就业人口在 50% 以上，并且劳动力成本低，与国内相比，越南的劳动力资源更具有优势；二是税收资源优势，越南政府的招商引资，在所得税和土地租金方面有明显的优惠政策，大大降低了中资企业的税负成本，根据越南福东工业区管委员会颁发的投资执照，鲁泰（越南）享受 3（3 年启动期）+2 免（2 年免税期）+4 减半（4 年减半期）的企业所得税税收优惠，3 年启动期内如果盈利则转入 2 年免税期，优惠期结束后企业所得税税率为 20%[①]。鲁泰纺织作为色织产业链龙头，技术发展成熟，具备在海外新建产能的资金、技术、管理实力，选择越南作为东道国进行投资，将能有效利用当地丰富的劳动力资源、招商政策、区位优势等，结合自身发达的综合管理资源、研发及技术资源，实现 1+1＞2 的协同效应，越南产能投产后有利于增加产能并降低产品成本，保障公司未来业绩提升和竞争力的增强。

4）"一带一路"政策的影响动因分析

据商务部 2017 年统计，"一带一路"沿线总人口约 44 亿人，约占全球总人口的 63%；经济总量约 21 万亿美元，占全球总产出的 29%。"一带一路"建设的重点内容包括但不限于投资、贸易和合作。企业应充分借助"一带一路"倡议提供的有利契机，整合运用国内外各项资源要素，加快国际化布局，参与全球价值链重塑，实现企业高质量发展。本案例中，鲁泰（越南）东道国越南，是共建"一带一路"沿线的重要国家，长期以来中越双方不断巩固和发展睦邻友好合作关系，签订了多项合作文件，为企业的交流与发展提供了良好的政治环境和经济发展空间。2010 年 1 月，"中国–东盟自由贸易区"正式启动，该贸易区包括越南等 11 个国家，贸易区成员国之间超过 90% 贸易品种关税被取消，这有助于降低相关企业的成本，进一步扩大中越两国间企业的经贸合作。2011 年 10 月，中越双方签署《中越经贸合作五年发展规划》，该规划提倡未来五年两国将进一步加强制造业和配套工业、服务业及"两廊一圈"等领域的贸易合作，有助于双方企业互利共赢，推动中越经贸关系快速、稳定、健康和可持续发

---

① 鲁泰 A2018 年年报信息显示，从 2018 年起，鲁泰（越南）享受 3（3 年启动期）+4 免（4 年免税期）+9 减半（9 年减半期）的企业所得税税收优惠，3 年启动期内任何一个年度实现盈利即转入免税期。公司自取得第 1 笔生产经营收入所属纳税年度起 15 年内享受 10% 的优惠税率，优惠期结束后企业所得税税率为 20%。2018 年处于免税期第 1 年。

展。2013年6月，双方签署了《中越两国政府落实中越全面战略合作伙伴关系行动计划》、《中国人民对外友好协会和越南友好组织联合会2013年—2017年合作备忘录》等多项合作文件，双方表明将不断拓展和深化中国同东盟在经贸、互联互通、海洋、社会人文等领域合作，继续推动双边贸易和投资便利化，包括鼓励在边境贸易中使用本币支付结算，为投资企业创造安全便利条件。2013年10月，双方签署了《关于建设发展跨境经济合作区的谅解备忘录》，明确提出"双方通过交流磋商，选择具备条件的地区建设跨境经济合作区"，为双方企业进行交流与合作提供了更坚实的保障。加强区域协调，促进"一带一路"与"两廊一圈"的对接合作，有利于促进中越双方的经贸发展。"一带一路"倡议合作以及越南的制度环境，基础设施的互联互通、商贸环境的不断改善、人才资本等加速流动，为我国企业在越南的并购活动提供了重要的政策动因。

7.3.3 并购后果分析

鲁泰纺织并购鲁泰（越南），虽然形式上是同一控制下的股权收购，但实质是鲁泰纺织在越南投资新设海外生产基地，因此，并购交易成功后，鲁泰纺织继续扩大对鲁泰（越南）的投资建设，2015—2019年鲁泰（越南）的基本建设情况见表7-5。

表7-5　　**鲁泰（越南）2015—2019年基本建设情况表**

2015 年	鲁泰（越南）色织布项目中的一期 3 万锭纺纱生产线报告期末已正式投产，织布及后整理生产线在有序建设中，预计 2016 年下半年投产
2016 年	鲁泰（越南）年产 3 000 万米色织面料生产线项目，一期已投入运营，后整理生产线正在按计划进行建设
2017 年	鲁泰（越南）纺纱二期新上 7.6 万锭纺纱生产线，已完成生产车间等图纸设计，2017 年 12 月已开工建设；越南年产 4 000 万米色织面料扩产项目，已进入前期准备阶段
2018 年	鲁泰（越南）纺纱二期 7.6 万锭纺纱生产线已全部投产；4 000 万米色织面料扩产项目主体厂房施工完毕，将于 2019 年一季度开始首批设备安装。鲁泰（越南）新设鲁泰（新洲）有限公司，进一步完善鲁泰（越南）色织布产业链，实现产能设施配套平衡
2019 年	鲁泰（越南）4 000 万米色织面料扩产项目已经顺利建成投产

1）并购短期绩效分析

短期并购绩效采用事件研究法进行分析，分析模型见模型（7-1）~（7-3），案例以2015年5月21日首次并购公告日作为事件日，事件窗口期为事件日前后60个交易日，用（-30，30）表示，窗口估计期为（-150，-31），即事件日前150到前31个交易日，共120个交易日。AR和CAR的计算结果见表7-6，趋势图分别见图7-6和图7-7。

表7-6　　　　　　鲁泰纺织并购事件期的AR和CAR值表

T	AR	T	AR	T	AR	T	AR	T	AR	T	AR
-30	-1.950	-20	1.300	-10	-0.939	1	2.243	11	6.217	21	-5.431
-29	-3.212	-19	1.770	-9	1.715	2	-0.528	12	-6.593	22	-0.610
-28	0.441	-18	5.565	-8	0.535	3	-1.594	13	-3.814	23	0.367
-27	1.739	-17	-4.834	-7	-1.239	4	0.894	14	4.690	24	-4.235
-26	-2.102	-16	-5.015	-6	-1.521	5	-1.335	15	-2.660	25	-4.486
-25	-2.973	-15	0.647	-5	-1.354	6	5.880	16	-0.560	26	-4.308
-24	-0.856	-14	-0.889	-4	0.225	7	3.711	17	6.184	27	5.806
-23	-0.767	-13	-0.700	-3	2.780	8	3.095	18	5.606	28	-0.137
-22	-1.473	-12	-1.863	-2	0.126	9	2.033	19	-2.676	29	3.011
-21	1.033	-11	0.430	-1	-0.828	10	-1.136	20	-4.780	30	-1.480

T=0　　AR=0.469

	(-30, 30)	(-20, 20)	(-10, 10)	(-5, 5)	(-1, 1)	(0, 5)	(0, 10)	(0, 30)
CAR	-10.367	11.257	13.232	1.098	1.884	0.149	13.732	3.843

由表7-6和图7-6可以看出，鲁泰纺织的超额收益率在事件日T=0之前一直处于在0值附近波动的状态；在T=（1，11）时段内，市场反应处于震荡中，事件日后第6天（T=6）及第11天（T=11），AR分别达到5.88%和6.217%的高值，AR总体趋势为正，说明市场在并购初期对交易持积极态度；但是在并购后T=（12，30）时段内，市场对公告的反应已经开始调整，AR值波动较大，在大部分交易日呈现负值，投资者对此次并购趋于理性，市场对并购信号已基本吸收。

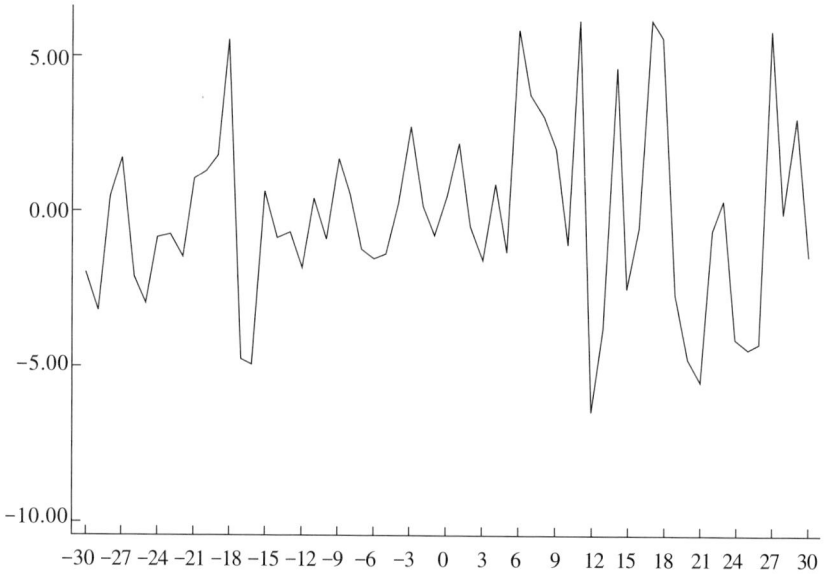

图7-6　鲁泰纺织并购（-30，30）AR趋势图

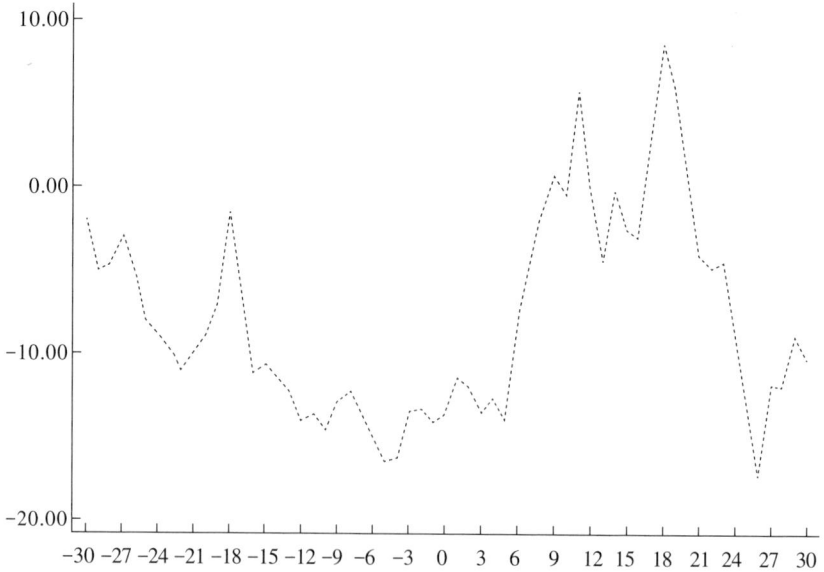

图7-7　鲁泰纺织并购(-30,30)CAR趋势图

　　由表7-6和图7-7可以看出，从（-30，30）的长窗口期来看，累计超额收益率CAR值为负，这可能更多是由于并购事件日之前，鲁泰纺织市场行情比较低迷所致。在窗口期（-20，20）和（-10，10），鲁泰纺织的累计超额收益率CAR都在10以上，这表明整体而言，市场对此次并购

事件持比较积极的认可；并且在短窗口期（−5，5）、（−1，1）、（0，5）等时间段内，CAR 都大于 0，表明事件公布后，市场反映比较积极。

2）并购长期绩效分析

对于并购长期绩效的分析，首先用并购年度前后 1 年、2 年和 3 年的总资产收益率 ROA、净资产收益率 ROE 和 TobinQ 的差值进行分析，分别用〔−1，1〕、〔−2，2〕和〔−3，3〕表示。在表 7-7Panel A 中，ΔROA、ΔROE、ΔTobinQ 在并购发生前后的一年、两年和三年的数值虽然都为负数，但这主要是由于鲁泰（越南）前三年主要在建设期（具体见表 7-5）。

然后，根据鲁泰（越南）和鲁泰纺织资产与利润的变化来分析并购长期绩效，见表 7-7Panel B。从表 7-7 可以看出，鲁泰纺织资产规模从 2014 年的 86.27 亿元增加到 2018 年的 105.38 亿元，2015 年年底，鲁泰（越南）资产规模达到 2.2 亿元，2019 年资产规模达到 25.17 亿元；2020 年鲁泰（越南）投资更名为洲际纺织；到 2021 年，鲁泰（越南）收益实现 12 790 万元。2022 年，企业 20% 的面料产能在越南，56% 的服装产能在越南、柬埔寨和缅甸[①]。鲁泰纺织通过融入共建"一带一路"，充分利用"一带一路"的优惠政策，整合国内外优势资源[②]，拓展海外产能，构建了稳固协调的国际产业链和价值链，促进了企业高质量发展。

表7-7　　　　　　　　**鲁泰纺织长期并购绩效分析**

Panel A：鲁泰纺织 ΔROA、ΔROE 和 ΔTobinQ 情况			
并购绩效	ΔROA	ΔROE	ΔTobinQ
（−1，1）	−0.023	−0.030	−0.035
（−2，2）	−0.036	−0.056	−0.204
（−3，3）	−0.007	−0.018	−0.003

---

①　鲁泰纺织股份有限公司.鲁泰纺织股份有限公司 2022 年年度报告〔EB/OL〕.〔2023-04-12〕.http：//www.cninfo.com.cn/new/disclosure/detail？plate=szse&orgId=gssz0000726&stockCode=000726&announcementId=1216382340&announcementTime=2023-04-12.

②　比如，2016 年中国银行淄博淄川支行给予鲁泰纺织授信额度 15.7025 亿元，鲁泰纺织将其中的 4.7025 亿元（等值 7 500 万美元）固定资产贷款额度切分给鲁泰（越南），由鲁泰（越南）向中国银行海外机构融资，用于 3 000 万米色织布生产线项目建设，期限 6 年，鲁泰纺织为该笔切分的授信额度提供反担保。澳新银行（中国）有限公司青岛分行给予鲁泰纺织综合授信额度 8 000 万美元，其中切分给鲁泰（越南）授信额度不超过 3 500 万美元，鲁泰纺织为该笔切分的授信额度提供连带保证责任。

Panel B：鲁泰（越南）的资产与收益情况

年份	鲁泰（越南）			鲁泰纺织	
	资产规模 （万元）	收益状况 （万元）	境外资产占公司净资产 比重	总资产 （亿元）	净利润 （亿元）
2014	—	—	—	86.27	9.79
2015	22 012	-1 160	2.48%	90.91	7.36
2016	78 595	-5 991	10.60%	94.07	8.05
2017	96 498	-330	12.41%	101.71	8.83
2018	160 440	7 730	20.77%	105.38	8.58
2019	251 710	3 265	30.33%	118.85	9.89
2020	231 154	-3 319	28.57%	121.30	8.91
2021	240 319	12 790	28.72%	129.87	3.27

7.3.4 本节小结

本案例选取了鲁泰纺织并购鲁泰"越南"的"一带一路"跨国并购案例作为研究对象，研究发现本次并购从时间和本质来看，相当于鲁泰纺织在越南进行投资建厂，但考虑到该研究事件属于并购事件，所以本章仍作为并购案例进行分析。本次并购存在以下动因：通过整合国内外优势资源促进国际化产能合理布局、有助于推进鲁泰越南项目的实施、基于劳动力等资源优势的东道国选择动因、"一带一路"政策的影响动因等。

"一带一路"倡议为中国纺织业的国际化发展提供了良好契机，2023年1—9月，淄博市对共建"一带一路"国家出口纺织服装30.3亿元，占淄博市纺织服装出口市场份额的58.1%[①]。鲁泰纺织作为目前全球最大的高档色织面料生产商和国际一线品牌衬衫制造商，通过在共建"一带一

---

① 崔晓蕾. 从46.7亿元到60.2亿元，十年间我市纺织产业——出口共建国家市场份额占全市出口量近60%［N］. 淄博日报，2023-10-25（2）.

路"国家越南建立生产基地，拓展海外产能，构建了稳固协调的国际产业链和价值链，促进了企业高质量发展。

7.4 ——————中宠股份的并购案例分析——————

7.4.1 并购案例介绍

宠物行业在发达国家已有百余年的历史，目前已成为一个相对成熟的市场。随着人均 GDP 的提升、宠物饲养比例的提高、宠物消费意愿的增强等因素的持续推动，我国宠物行业发展迅速。虽然中国宠物行业发展迅速，形成了一定的规模，但由于该行业在中国的发展时间仅十几年时间，与发达国家之间仍存在差距。因此，扩展海外市场是中国宠物行业企业发展壮大的重要因素。中宠股份是中国宠物行业的龙头企业，是目前国内拥有较长且完整产品线的宠物食品公司，同时也具有相对丰富的跨国并购经验。因此，本节选择中宠股份 2018 年对新西兰 ZEAL 品牌的拥有企业NPTC 的并购案例进行研究。

1）并购交易方

（1）并购企业

烟台中宠食品股份有限公司是全球宠物食品领域的多元化品牌运营商。中宠股份 2002 年成立于山东省烟台市①，2017 年 8 月 21 日在深圳证券交易所主板 A 股上市。中宠股份是一家专注于宠物食品领域的公司，主营业务为犬用和猫用宠物食品的研发、生产和销售。截至 2017 年底，公司拥有"Wanpy"、"Natural Farm"、"Jerky Time"和"脆脆香"等多个自主品牌。公司产品销往日本、美国、加拿大、欧盟等 50 多个国家和地区，产品境外销售收入占主营业务收入的比例超过 80%。但是截至此次并购交易前，在国外市场中，公司主要按照客户订单生产 OEM/ODM 产品，自主品牌销量较小，亦全部按照客户订单生产产品。因此，国外市场自主品牌

① 烟台是"一带一路"重要城市，拥有亚欧大陆桥的出海道道烟台港，周边和沿线的基础交通设施完善。

的生产和销售成为公司迫切要解决的重要问题。

（2）转让方

此次海外并购事件的转让方是四个新西兰籍自然人股东，持有 The Natural Pet Treat Company Limited 和 Zeal Pet Foods New Zealand Limited 的 100% 股权，并且四个自然人股东对两家公司的持股比例相同，其中 Neil MCGARVA（简称 Neil）持有两家公司股权比例是 49.50%，Reiko KONDO（简称 Reiko）持有两家公司股权比例是 24.75%，Harjit Singh SIDHU（简称 Harjit）持有两家公司股权比例是 24.75%，Javin James Singh SIDHU（简称 Javin）持有两家公司股权比例是 1%。

（3）目标企业

此次并购的目标企业是 The Natural Pet Treat Company Limited（简称 "NPTC"）和 Zeal Pet Foods New Zealand Limited（简称 "ZPF"）。

NPTC 于 1999 年在新西兰成立，是一家专注于宠物食品研发、生产和销售的公司，自主品牌 ZEAL 产品于新西兰本土生产并销售到新西兰、中国、美国等多个国家及地区，产品包括猫狗零食、软干粮、猫狗罐头和宠物牛奶等，ZEAL 在全球拥有优秀的品牌知名度和影响力。NPTC 拥有独特的产品技术优势、品牌形象、市场地位和出色的管理团队。

ZPF 于 2018 年在新西兰成立，是一家天然宠物食品公司。其经营范围主要集中于天然宠物食品的生产与销售。鉴于 ZPF 是股东 Harjit、Reiko、Neil、Javin 为保护 NPTC 旗下自主品牌 ZEAL 所设立的公司，而且 ZPF 在此次并购前并未开展经营业务，因此下文对此次并购动因及其后果的分析主要针对 NPTC 进行。

2）并购历程

2018 年 7 月 3 日，中宠股份与 Harjit、Reiko、Neil、Javin 达成收购意向，签署了《股权收购谅解备忘录》，拟以自有资金 1 500 万新西兰元（约合人民币 6 800 万元）购买上述自然人持有的 NPTC 和 ZPF 的 100% 股权。2018 年 11 月 15 日，中宠股份完成 NPTC 和 ZPF 100% 股权的收购，NPTC 和 ZPF 成为中宠股份的境外全资子公司，中宠股份以现金支付并购投资金额 7 046.66 万元，取得的可辨认净资产公允价值份额 1 152.22 万元，形成并购商誉5 894.44万元。①收购完成后，NPTC继续自主经营，且经营范围不变，中宠股份采用通过完善而有效的内部控制措施保障子公司的资产安全。

中宠股份对此次并购风险进行了考量。公司2017年年度报告显示，截至2017年年底，中宠股份的货币资金约为2.02亿元人民币，而收购NPTC和ZPF所需支付的金额为7 046.66万元人民币。这表明中宠股份具备一定的资金储备，可以满足收购NPTC和ZPF时的资金支付，从而在一定程度上降低了企业融资风险。并购协议约定，并购完成后，NPTC公司要尽量保证核心人员（管理、销售、研发）的稳定性，核心技术人员应留在公司继续服务至少三年；核心人员从目标公司离职后，在一定期间内不得从事和目标公司相竞争的业务，从而在一定程度上降低后续的经营风险，有助于双方的稳定发展。收购完成后，公司将建立完善的风控制度及有效的内部控制制度，提升控股子公司的管理水平，利用自身竞争优势，发挥公司在国内外市场的协同作用，抵御经营风险，推动公司的快速发展。此外，中宠股份年报显示，经过商誉减值测试，截至2022年年底，中宠股份并购NPTC形成的5 894.44万元并没有发生减值，由此可见，此次并购定价是相对比较合理的。

7.4.2　并购动因分析

1）有利于聚焦品牌战略

虽然中宠股份是国内宠物行业的龙头企业，但长期以来，自主品牌的生产和销售是公司迫切需要解决的重要问题。截至2017年底，公司虽然拥有"Wanpy""Natural Farm""Jerky Time"等多个自主品牌，但国内市场面临皇家、玛氏和雀巢等品牌主导地位的竞争劣势，国外市场面临采用OEM/ODM等"营销+代工"模式进行贴牌生产和销售的困境，自主品牌销量较小，公司面临国内外市场自主品牌生产和销售的双重痛点。

NPTC公司的ZEAL品牌是全球知名品牌，ZEAL品牌产品在新西兰、

---

① 烟台中宠食品股份有限公司. 烟台中宠食品股份有限公司2018年年度报告［EB/OL］.
［2019-04-18］. http://www. cninfo. com. cn/new/disclosure/detail？ orgId=9900032780&announce-
mentId=1206048157&announceTime=2019-04-18.

中国、美国等 19 个国家和地区销售。中宠股份通过收购 NPTC,公司可丰富品牌矩阵,扩充天然宠物食品线,满足中高端养宠人群的需要,并且借助公司在国内市场的渠道优势,可以进一步增强国内市场的竞争优势;同时,并购新西兰的公司也有利于加快中宠股份的全球化战略布局。

2)有利于提高公司产品线丰富程度

此次并购有利于提高公司产品线丰富程度和产品交付能力,促进公司主营业务的发展和盈利能力的提高。随着社会不断发展、国民经济持续增长和人民生活水平日益提高,宠物行业发展迅速, 2017 年我国宠物市场规模达到 1 340 亿元, 在 2010—2020 年期间保持年均 30.9% 的高增速发展;宠物食品行业销售收入同样发展迅速,自 2010—2015 年,年均增长率达 23.62%①,行业发展本土红利凸显。中宠股份以宠物行业的细分领域——宠物食品作为主要经营业务。NPTC 自主品牌 ZEAL 产品涵盖宠物干粮、罐头、零食、奶、鱼油补充剂等。因此,公司并购 NPTC,有利于拓展公司产品线,提高产品交付能力,满足市场对高端宠物食品的需求,提升公司整体盈利能力。

3)有利于提高公司产业资源的整合能力

此次并购有利于提高公司国内外宠物食品产业资源的整合能力,并可以利用新西兰市场,拓展海外生产产能,同时也为公司累积发展经验、培养国际化人才队伍、优化现有运营管理体系以适应国际资本运作和现代化管理提供了良好契机。NPTC 位于新西兰,新西兰草料、畜类存量非常充足,宠物食品制作原料供应充裕,并且拥有成熟的生产技术。通过并购NPTC,中宠股份预计在并购后的 1～2 年内能够增加约 2 万吨的宠物湿粮产能②,并显著提高产能利用率。中宠股份通过收购新西兰本土优质企业,能够借助新西兰在原料上的优势,充分利用公司产品研发、采购技术和精细化管理能力等竞争力优势,提高国内外宠物食品产业资源的整合能力,充分发挥并购战略协同效应,促进公司拓展国内市场战略目标的

---

① 烟台中宠食品股份有限公司. 烟台中宠食品股份有限公司 2017 年年度报告〔EB/OL〕.〔2018-03-16〕. http://www.cninfo.com.cn/new/disclosure/detail?orgId=9900032780&announcementId=1204480190&announcementTime=2018-03-16.
② 根据中宠股份《关于使用募集资金向募投项目实施主体增资实施募投项目的公告》和 2022 年年报,该项目已完成资金募集并开始建设。

实现。

4）基于"一带一路"倡议的东道国选择动因

本案例中目标公司东道国新西兰，是共建"一带一路"重要国家。多年来，中新两国经贸关系保持良好状态，2008 年 4 月，两国签署《中国-新西兰自由贸易协定》，促进双边贸易投资自由化便利化，新西兰成为第一个与中国签署双边自贸协定的发达国家；2017 年 3 月，双方签署《中华人民共和国政府和新西兰政府关于加强"一带一路"倡议合作的安排备忘录》，新西兰成为第一个同中国签署"一带一路"协议的西方发达国家。2016 年 11 月，双方启动自贸协定升级谈判，以适应迅速增长的双边贸易和投资需求，有助于双方进一步加强合作，助力企业走出国门；2018 年 6 月，中新自由贸易协定第四轮升级谈判在北京举行，双方围绕技术性贸易壁垒、海关程序与贸易便利化、原产地规则、贸易服务、竞争政策、电子商务、农业合作、环境、政府采购等议题展开磋商。"一带一路"倡议合作以及新西兰的制度环境，为我国企业的海外并购提供了重要的东道国选择动因。

7.4.3　并购后果分析

2018 年，中宠股份成功从新西兰籍自然人股东收购 NPTC 和 ZPF100% 的股权，此次并购是中宠股份在共建"一带一路"国家进行的一次成功收购，扩大了中宠股份的国际化战略布局，提升了国际竞争力，使 ZEAL 成为中宠股份自有品牌，促进了企业自主品牌建设和产业链建设。下面对此次并购后果从并购短期绩效和长期绩效两方面进行分析。

1）并购短期绩效分析

利用模型（7-1）~（7-3），采用事件研究法分析短期并购绩效。选择并购首次公告日（2018 年 7 月 4 日）作为事件日（T = 0），窗口期为事件日前后 30 个交易日（-30，30），估计期为事件日前 150 到前 31 个交易日的 120 个交易日（-150，-31），AR 和 CAR 的计算结果见表 7-8，趋势图分别见图 7-8 和图 7-9。

表7-8　　　　　　中宠股份并购事件窗口期的AR和CAR值表

T	AR	T	AR	T	AR	T	AR	T	AR	T	AR
-30	10.069	-20	5.201	-10	2.261	1	-4.813	11	-1.202	21	0.878
-29	3.926	-19	-0.966	-9	1.177	2	-6.115	12	1.708	22	0.37
-28	3.812	-18	-3.739	-8	0.907	3	0.682	13	-0.734	23	-4.077
-27	-1.675	-17	0.956	-7	2.546	4	2.066	14	-1.679	24	0.098
-26	0.825	-16	-4.807	-6	2.271	5	-0.984	15	-2.195	25	0.227
-25	-0.778	-15	0.567	-5	3.215	6	1.268	16	-1.42	26	1.042
-24	1.508	-14	-1.403	-4	0.084	7	3.029	17	-2.437	27	0.178
-23	4.195	-13	1.989	-3	-1.418	8	3.521	18	-2.84	28	1.167
-22	4.235	-12	-2.363	-2	0.029	9	-0.355	19	-1.158	29	3.18
-21	-6.82	-11	-4.201	-1	-0.654	10	-0.519	20	-0.676	30	-1.233

T=0　　AR=8.600

CAR	(-30, 30)	(-15, 15)	(-10, 10)	(-5, 5)	(-4, 4)	(-3, 3)	(-2, 2)	(-1, 1)
	16.53	7.287	16.801	0.694	-1.537	-3.688	-2.953	3.133

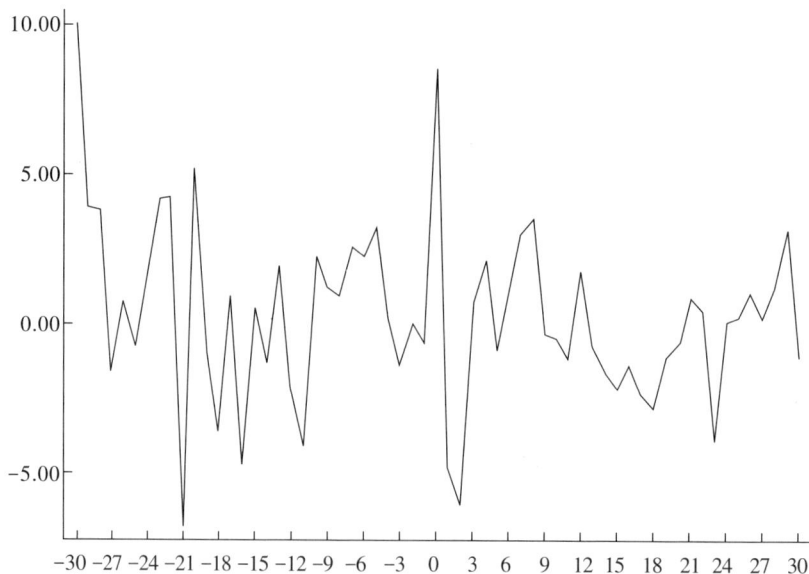

图7-8　中宠股份并购（-30，30）AR趋势图

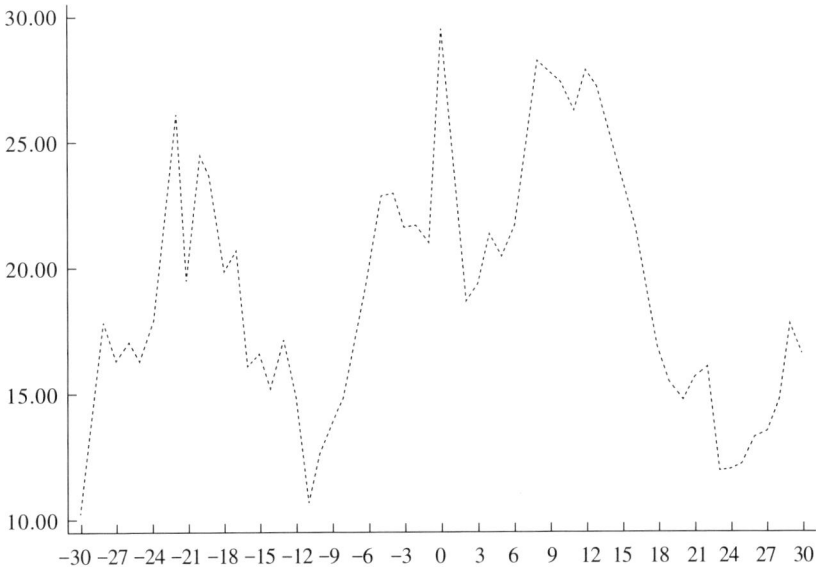

图 7-9　中宠股份并购（-30，30）CAR 趋势图

对于超额收益率，从表 7-8 和图 7-8 可以看出，第一阶段，即公告前阶段，中宠股份的超额收益率 AR 在（-30，-16）时处于比较剧烈的震荡中，AR 最高 10.069，最低 -6.82；AR 在（-15，-1）时处于小幅波动状态，总体比较平稳，15 个交易日中有 10 天 AR 大于 0。第二阶段，在公告日（T=0），超额收益率上涨至 8.6%，但随后第二日（T=1）和第三日（T=2），AR 极速下跌，两天跌幅甚至大于公告日当天的涨幅，这表明并购事件在短期（0，2）引起市场剧烈反应。第三阶段，公告日后（3，30）时，市场恢复并购事件前比较平稳的小幅震荡。

对于累计超额收益率，从表 7-8 和图 7-9 可以看出，在公告日当天，CAR 值达到了高值 29.55%，在窗口期（-1，1）时段内，累计超额收益率达到 3.133%，说明市场对此次并购持积极态度且反应剧烈；从（-30，30）的长窗口期来看，累计超额收益率有着较好的表现，整体效益为正，且在窗口期（-15，15）和（-10，10），中宠股份的累计超额收益率分别为 7.287% 和 16.801%。综上，从资本市场的反应来看，中宠股份的此次并购是被市场认可的，中宠股份并购 NPTC 的短期绩效较好。

2）并购长期绩效分析

中宠股份在 2017 年上市，2018 年完成 NPTC 并购，对于此次并购长期绩效，首先以 2017 年为基期，采用并购完成后 1 到 3 年的总资产收益率 ROA、净资产收益率 ROE 和 TobinQ 与基期相比的差值进行分析，分别用 [-1, 1]、[-1, 2] 和 [-1, 3] 表示，结果见表 7-9，可以看出，$\Delta ROA_{-1,1}$、$\Delta ROA_{-1,2}$、$\Delta ROA_{-1,3}$ 以及 $\Delta ROE_{-1,1}$、$\Delta ROE_{-1,2}$、$\Delta ROE_{-1,3}$ 均呈负值，企业利用总资产和净资产获得利润的能力有所下降，基于 ROA 和 ROE 等获利能力指标的分析，表明此次并购活动没有对中宠股份的长期绩效产生正面积极的影响。然而，与此相反，$\Delta TobinQ_{-1,1}$、$\Delta TobinQ_{-1,2}$ 与 $\Delta TobinQ_{-1,3}$ 呈现正值，表明投资者对企业的此次并购交易和公司未来发展前景持乐观态度。

表7-9　　　　　　　　　　中宠股份长期并购绩效

指标	ΔROA	ΔROE	$\Delta TobinQ$
[-1, 1]	-0.031	-0.016	0.555
[-1, 2]	-0.021	-0.028	2.735
[-1, 3]	-0.042	-0.045	1.603

进一步，结合表 7-10 可以看出，此次并购后，中宠股份的营业收入和总资产增长迅速，营业收入从 2017 年 10.15 亿元增长至 2022 年的 32.48 亿元，年均增长率 44%；境内收入比例由 2017 年的 15% 增加至 2022 年的 28%，从 2019 年开始，通过全球化布局、加强供应链优势等方式，在全球市场进行 ZEAL 高端品牌的布局，向全球宠物主提供一系列新西兰原厂原装进口高端宠物食品，包括犬猫专用牛奶、软犬粮、湿粮罐头、零食、鳕鱼油等，产品销往全球 30 多个国家和地区，使公司逐步成为一家拥有全球化视野与战略布局的国际化企业。2019 年中宠股份实现了境外营业收入 13.7 亿元，同比增长 18.37%。[①]

① 烟台中宠食品股份有限公司. 烟台中宠食品股份有限公司 2019 年年度报告 [EB/OL]. [2020-04-08]. http://www.cninfo.com.cn/new/disclosure/detail?orgId=9900032780&announcementId=1207462868&announcementTime=2020-04-08.

表 7-10 中宠股份并购后的资产和收益情况

年份	境内（亿元）	境外（亿元）	营业收入（亿元）	净利润（亿元）	总资产（亿元）	ROE
2016	1.09（14%）	6.82（86%）	7.91	0.78	6.13	23.42%
2017	1.60（15%）	8.59（85%）	10.15	0.85	10.05	16.37%
2018	2.52（18%）	11.60（82%）	14.12	0.62	14.07	7.87%
2019	3.43（20%）	13.73（80%）	17.16	0.89	17.00	9.56%
2020	5.42（24%）	16.91（76%）	22.33	1.51	25.03	11.66%
2021	6.91（24%）	21.91（76%）	28.82	1.21	30.15	6.52%
2022	9.02（28%）	23.46（72%）	32.48	1.26	38.40	5.56%

因此，总体来看，此次并购虽然没有实现中宠股份盈利能力指标的提高，但是提升了中宠股份的国际竞争力和品牌影响力，促进了企业全产业链条的实现和产能的增加，截至 2023 年底，ZEAL 真致[1]已成为中宠股份三大自主核心品牌之一，在国内外市场上极大提升了公司自主品牌影响力和市场竞争力。所以，中宠股份需要在聚焦品牌建设的基础上，充分利用"一带一路"的共建契机，综合利用国内外各项资源，实现企业整体盈利能力的提升。

7.4.4 本节小结

本案例选取了中宠股份并购 NPTC 和 ZPF 的"一带一路"跨国并购案例作为研究对象。NPTC 在高品质宠物食品制造领域具有独特竞争优势，中宠股份通过收购 NPTC 有效节约了原材料，缓解产能提升的困境。研究发现，此次并购存在有利于开拓国内外市场、有利于提高公司产品线丰富程度、有利于提升产业资源的整合能力以及基于"一带一路"倡议的东道国选择等动因。

伴随国内与国际市场联动日益紧密的情况，中宠股份积极响应国家"走出去"号召，以"一带一路"为契机，推进境外及全球市场战略布局，促进了宠物行业的进一步发展。中宠股份是国内宠物食品行业的龙头

---

[1] ZEAL 品牌，2019 年 3 月 1 日在中国大陆中文名由"真挚"改为"真致"。

企业，通过在共建"一带一路"国家新西兰开展跨国并购有助于进一步加强公司产品线丰富程度，提高产品交付能力。

公司的并购短期和长期绩效指标分析发现，此次并购短期引起资本市场的强烈反应，短期累计超额收益率较高，但是长期盈利能力指标下降，所以中宠股份需要加快国内外各种资源的整合力度，提升企业的整体盈利能力。综上，此次并购对提高中宠股份的自主品牌影响力和提升核心竞争力具有重要意义。

7.5 ———————————— 本章小结 ————————————

跨国并购是中国企业参与共建"一带一路"的重要方式。本章选择了三个公司进行案例研究，研究发现中国企业在共建"一带一路"国家进行跨国并购时，其动机、目标公司选择以及后果会受到集团管控方式、企业海外战略目标、企业自有资金情况、所处区域市场化程度的异质性以及企业所属行业等多种因素的影响。

首先，集团管控方式和企业海外战略目标，对企业并购的动机、整合方式和后果产生重要影响，因此需要在跨境并购策略中得到充分考虑。

其次，所处区域市场化程度的异质性是影响中国企业在共建"一带一路"国家并购的重要因素。不同国家和地区的市场化水平、法律制度和监管环境的不同，直接影响了企业在这些国家开展并购活动的可行性和风险水平。因此，中国企业在共建"一带一路"国家的跨国并购策略必须充分考虑这些外部环境因素，以制定适应性更强的战略。

最后，企业行业的多样性对跨国并购决策具有重要影响。不同行业的性质和特点决定了企业在跨国并购中所面临的挑战和机会的不同。

本章通过从"一带一路"倡议的视角对企业并购决策和并购绩效进行案例分析，进一步丰富了产业政策的并购效应研究，强调了企业在不同外部环境下所面临的多样性和复杂性，为未来的研究提供了更多的视角和启示。这对于理解并指导中国企业在共建"一带一路"国家的跨国并购活动具有重要的理论和实践价值。

第8章

研究结论与展望

8.1 ———————————— **研究结论** ————————————

产业政策是政府为了实现一定的经济和社会目标而对产业的形成和发展进行干预的各种政策的总和，产业政策的实施势必对企业微观行为产生影响。作为企业重要战略决策之一的并购是否受产业政策影响，以及如何受产业政策影响，这一研究对检验产业政策微观效应的有效性极为重要。因此，本书主要基于中国独特的制度情境为研究并购的产业政策效应提供了良好的背景与契机，立足微观角度，以并购为切入点，从企业并购决策的动因和后果两方面，研究产业政策对企业并购的影响。考虑到高管团队对产业政策的解读与运用是影响产业政策效果的关键，所以在上述研究基础上进一步检验高管团队对产业政策微观效果的影响。经过系统的理论分析和实证检验，本书得出如下主要结论：

（1）产业政策对企业并购决策具有积极影响效应

本书以资源基础理论、风险管理理论和市场势力理论等为理论基础，通过相关理论分析提出研究假设并进行研究设计，选取2007—2020年中国沪深A股非金融类上市公司作为研究样本，从企业并购决策和并购目标公司选择两个维度，研究产业政策对企业并购行为的影响及其作用机制。实证研究发现：我国实施的产业政策对微观企业的并购行为具有积极的促进作用，相比未受产业政策支持的企业，受产业政策支持的企业更倾向做出并购决策，并且更倾向于选择专业化并购目标公司；经过 DID 双重差分等内生性检验、安慰剂检验以及对公司层面进行群聚调整检验等稳健性检验，该研究结论依然成立。机制检验发现，融资约束、风险承担水平、行业竞争度是产业政策影响企业并购行为的重要作用机制，其中，融资约束的缓解和企业风险承担水平的提高在产业政策影响企业并购决策的过程中发挥了部分中介作用；行业竞争度的提高在产业政策影响企业并购目标公司选择的过程中发挥了部分中介作用。通过探索产业政策作用于微观企业并购行为的路径以及作用机理，拓展了产业政策对企业微观行为影响的范畴，为产业政策微观效果提供经验证据，同时还丰富了宏观经济政策与微观企业行为的研究。

（2）产业政策对并购决策的影响有利于并购价值创造

在中国市场环境下，资源配置的效率一方面受到市场对企业优胜劣汰"自然选择"的影响；另一方面还受到政府部门对各种资源的支配以及实施的产业政策的影响，甚至在某些情况下，后者的作用更为"强劲有力"。国家产业政策本质是政府为达到产业结构转型升级的目的，利用一系列的财政、资金、土地以及行政等支持手段，将资源转向政府规划和战略性支持的行业。在这一过程中，实施并购的企业绩效会受到产业政策的影响。本书选取 2007—2020 年中国沪深 A 股成功进行并购交易的非金融类上市公司作为研究样本，实证研究发现，产业政策具有积极的并购效应，受产业政策支持的企业具有更高的长期并购绩效。经过 DID 双重差分等内生性检验、替换变量检验以及对公司层面进行群聚调整检验等稳健性检验，研究结论依然成立。机制研究发现，产业政策对并购企业绩效的提升主要通过资源效应机制和治理效应机制的作用来进行。通过从产业政策的视角分析企业并购绩效，丰富了企业并购的相关研究，将企业并购绩效的影响因素从公司特征层面拓展到宏观层面，加深了对企业并购效果的理解。

（3）高管团队异质性影响产业政策的并购效应

本书以高层梯队理论为基础，从高管团队异质性角度研究产业政策对并购决策和并购效果的影响是否因做出并购决策的不同高管特征而存在差异。基于高管人口统计特征差异，即性别异质性、学历异质性、年龄异质性和任期异质性四个维度，检验高管团队异质性对产业政策并购效应的影响。本书采用2007—2019年中国沪深A股非金融类上市公司的数据为研究样本，利用高层梯队理论、信息决策理论和社会分类理论对高管团队异质性的作用机制进行理论分析和实证检验。研究结果表明：高管团队的任期异质性对产业政策的并购决策效应具有促进作用，促使受产业政策支持的企业更倾向进行并购决策；高管团队的性别异质性促进了产业政策并购目标公司的选择效应，促使受产业政策支持的企业更倾向选择专业化并购目标公司；学历异质性对产业政策的并购决策效应和并购价值一年期创造效应具有抑制作用，抑制了受产业政策支持企业的并购决策倾向，并且进行并购决策的公司的并购价值创造效应也不突出。本书将高层梯队理论拓展至企业的具体行为决策过程，并重点深入而系统地探讨高管团队异质性的调节效应，有助于深化对高管并购决策过程及其后果的认识，为企业自身规范并购行为及相关监管部门制定产业政策提供参考。

（4）企业进行跨国并购时的路径选择对并购后果具有重要意义

本书从山东省上市公司在"一带一路"倡议下进行的跨国并购案例中，选择了三种具有不同并购目标公司的案例进行研究，通过对案例的并购动因、东道国选择、目标公司优势以及并购后果等分析，研究不同并购目标公司选择下中国企业跨国并购的动机与后果。青岛海尔实施渐进式的跨国并购，2017年对新西兰PML公司的收购属于关联交易，具有重要的控制权整合、规避同业竞争和强化全球品牌化战略的并购动机。鲁泰纺织实施的并购属于同一控制下的内部重组，从并购时间来看，具有明显的间接对越南进行绿地投资，以达到实现国际化产业布局和整合优势资源的目的。中宠股份的跨国并购是非同一控制下的境外股权收购，中宠股份选择新西兰的NPTC公司作为跨国并购的目标公司，拓展了中宠股份的自主品牌影响力，推进了全球市场战略布局。研究发现，中国企业在共建"一带一路"国家进行跨国并购时，其动机、目标公司选择以及后果会受到集团管控方式、企业海外战略目标、企业自有资金情况以及企业所属行业等多种因素的影响。本章通过深入的案例研究，进一步拓展和丰富了并购领域

145

的理论和实践研究，关注了企业在"一带一路"倡议下产业政策的多样性和复杂性对并购的影响，为未来的研究提供了更多的视角和启示。这对于理解并指导中国企业在共建"一带一路"国家的跨国并购活动具有重要的理论和实践价值。

8.2 ———————研究不足与展望———————

本书立足于转型期中国资本市场特殊的制度背景，通过理论和实证分析，以并购为切入点，探索性研究了产业政策对企业并购行为及其后果的影响及其作用机制，经过研究，本书仍存在以下不足，从而也为未来继续深入研究提供了契机。

（1）研究设计方面的不足与展望

本书研究设计的模型比较简单，主要采用 Probit 回归、OLS 回归、DID 双重差分模型、安慰剂检验等；变量设计也比较简单，主要基于国家五年规划对产业政策变量进行虚拟界定，受研究条件所限，本书目前仅考虑了鼓励性产业政策和重点产业政策的区分，没有深入考虑其他产业政策多样性的影响，也没有考虑地方产业政策的影响。所以后续研究中，产业政策的变量设计可以从区域或者地方产业政策层面考虑，进行更加多维的刻度；也可以结合目前"双碳"目标下的产业政策，展开进一步研究。

（2）实证研究方面的不足与展望

本书实证研究方法比较单薄，虽然系统地实证分析了相关研究假设，但是描述性统计比较简单，仅依据产业政策进行了分类比较，并没有从年度以及其他方面进行分类比较；稳健性检验虽然进行了内生性检验，但是检验方法比较单薄，主要采用目前常用的双重差分 DID 检验、安慰剂检验、替换变量检验等，在后续研究中，将丰富研究方法的使用。

（3）概念界定方面的不足与展望

关于产业政策和并购的概念，有广义和狭义之分，本书主要针对狭义的概念进行界定，并展开相关研究。由于产业政策的复杂性，目前无法获取足够的数据支持广义概念的研究，这将在以后进行更多的数据收集，力争能解决这一问题。后续研究将基于更为复杂的环境，从多角度进行概念界定，从而使产业政策并购效应研究得以深入，最大程度揭开产业政策微观化的"黑箱"，为产业政策以及并购决策的理论研究和实践指导提供证据支撑。

参考文献

[1] ALLISON P D. Measures of inequality [J]. American Sociological Review, 1978, 43 (6): 865‒880.

[2] AMASON A C, SHRADER R C, TOMPSON G H. Newness and novelty: relating top management team composition to new venture performance [J]. Journal of Business Venturing, 2006, 21 (1): 125‒148.

[3] ANDRADE G, MITCHELL M, STAFFORD E. New evidence and perspectives on mergers [J]. Journal of Economic Perspectives, 2001, 15 (2): 103‒120.

[4] ARROW K J. Vertical integration and communication [J]. Bell Journal of Economics, 1975, 6 (1): 173‒183.

[5] AUH S, MENGUC B. Balancing exploration and exploitation: the moderating role of competitive intensity [J]. Journal of Business Research, 2005, 58 (12): 1652‒1661.

[6] BARKEMA H G, SHVYRKOV O. Does top management team diversity promote or hamper foreign expansion [J]. Strategic Management Journal, 2007, 28 (7): 663‒680.

[7] BETTON S, THORBURN K S, ECKBO B E. Merger negotiations and the toehold puzzle [J]. Journal of Financial Economics, 2009, 91 (2): 158‒178.

[8] BHAGWAT V, DAM R, HARF-

ORD J. The real effects of uncertainty on merger activity [J]. Review of Financial Studies, 2016, 29 (11): 3000-3034.

[9] BONAIME A, GULEN H, ION M. Does policy uncertainty affect mergers and acquisitions? [J]. Journal of Financial Economics, 2018, 129 (3): 531-558.

[10] BRADLEY M. Interfirm tender offer and the market for corporate control [J]. Journal of Business, 1980, 53 (4): 345-376.

[11] BRADLEY M, DESAI A, KIM E H. Synergistic gains from corporate acquisitions and their division between the stockholders of target and acquiring firms [J]. Journal of Financial Economics, 1988, 21 (1): 3-40.

[12] BRODMANN J, DANSO C A, NGO T. Geographic strategies in mergers and acquisitions by financial institutions [J]. Accouting and Finance, 2021, 62 (3): 3319-3363.

[13] BRUNER R. Where M&A pays and where it strays: a survey of the research [J]. Journal of Applied Corporate Finance, 2004, 16 (4): 63-76.

[14] BUGEJA M, LU M T, SHAN Y W, et al. The probability of informed trading and mergers and acquisitions [J]. Accouting and Finance, 2021, 61 (1): 169-203.

[15] BUNDERSON J S, SUTCLIFFE K M. Comparing alternative conceptualizations of functional diversity in management teams: process and performance effects [J]. Academy of Management Journal, 2002, 45 (5): 875-893.

[16] CAI Y, KIM Y, PARK J C, et al. Common auditors in M&A transactions [J]. Journal of Accounting and Economics, 2016, 61 (1): 77-99.

[17] CAI Y, SEVILIR M. Board connections and M&A transactions [J]. Journal of Financial Economics, 2012, 103 (2): 327-349.

[18] CARPENTER M A. The implications of strategy and social context for the relationship between top management team heterogeneity and firm performance [J]. Strategic Management Journal, 2002, 23 (3): 275-284.

［19］ CARTWRIGHT S, COOPER C L. Organizational marriage: "hard" versus "soft" issues? ［J］. Personnel Review, 1995, 24 (3): 32-42.

［20］ CHAE J, JUNG J Y, YANG C W. A reexamination of diversification premiums: an information asymmetry perspective ［J］. Asia-Pacific Journal of Financial Studies, 2014, 43 (2): 223-248.

［21］ CHEN D H, LI Z O, XIN F. Five-year Plans, China finance and their consequences ［J］. China Journal of Accounting Research, 2017, 10 (3): 189-230.

［22］ CHEN N, SHEVLIN T. "U.S. worldwide taxation and domestic mergers and acquisitions" a discussion ［J］. Journal of Accounting and Economics, 2018, 66 (2-3): 439-447.

［23］ CHRISTENSENH H K, MONTGOMERY C A.Corporate economic-performance - diversification strategy versus market - structure ［J］.Strategic Management Journal, 1981, 2 (4): 327-343.

［24］ COMANOR W S, WILSON T A. Advertising, market structure and performance ［J］. The Review of Economics and Statistics, 1967, 49 (4): 423-440.

［25］ CORNAGGIA J, LI J. The value of access to finance: evidence from M&As ［J］. Journal of Financial Economics, 2019, 131 (1): 232-250.

［26］ CRISCUOLO C, MARTIN R, OVERMAN H G, et al. The causal effects of an industrial policy ［R］. NBER Working Paper, 2012.

［27］ CZARNITZKI D, HANEL P, ROSA J. Evaluating the impact of R&D tax credits on innovation: a micro econometric study on Canadian firms ［J］. Research Policy, 2011, 40 (2): 217-229.

［28］ DATTA D K. Organizational fit and acquisition performance: effects of post - acquisition integration ［J］. Strategic Management Journal, 1991, 12 (4): 281-297.

［29］ DHALIWAL D S, LAMOREAUX P T, LITOV L P, et al. Shared

auditors in mergers and acquisitions ［J］. Journal of Accounting and Economics, 2016, 61 (1): 49-76.

［30］ DODD P, RUBACK R. Tender offers and stockholder retuns: an empirical analysis ［J］. Journal of Financial Economics, 1977, 5 (3): 351-373.

［31］ DU L, HARRISON A, JEFFERSON G. FDI Spillovers and industrial policy: the role of tariffs and tax holidays ［J］. World Development, 2014, 64: 366-383.

［32］ ECKBO B E. Horizontal mergers, collusion, and stockholder wealth ［J］. Journal of Financial Economics, 1983, 11 (1-4): 241-273.

［33］ ELRON E. Top management teams within multinational corporations: effects of cultural heterogeneity ［J］. The Leadership Quarterly, 1997, 8 (4): 393-412.

［34］ EKKAYOKKAYA M, HOLMES P, PAUDYAL K. The Euro and the changing face of European banking: evidence from mergers and acquisitions ［J］. European Financial Management, 2009, 15 (2): 451-476.

［35］ FACCIO M. Politically connected firms ［J］. American Economic Review, 2006, 96 (1): 369-386.

［36］ FAMA E F, JENSEN M C. Seperation of ownership and control ［J］. Journal of Law and Economics, 1983, 26 (2): 301-325.

［37］ FERGUSON A, LAM P. Government policy uncertainty and stock prices: the case of Australia's uranium industry ［J］. Energy Economics, 2016 (60): 97-111.

［38］ FINKELSTEIN S. Power in top management teams: dimensions, measurement, and validation ［J］. Academy of Management Journal, 1992, 35 (3): 505-538.

［39］ GLEASON K, MCNULTY J E, PENNATHUR A K. Returns to acquirers of privatizing financial services firms: an international examination ［J］. Journal of Banking & Finance, 2005, 29 (8/9): 2043-2065.

［40］ GORT M. An economic disturbance theory of mergers ［J］. Quarterly Journal of Economics, 1969, 83 (4): 624-642.

［41］GRINSTEIN Y, HRIBAR P. CEO compensation and incentives: evidence from M&A bonuses ［J］. Journal of Financial Economics, 2004, 73 (1): 119-143.

［42］HAMBRICK D C. Top management groups: a conceptual integration and reconsideration of the team label ［J］. Research in Organizational Behavior, 1994 (16): 171-214.

［43］HAMBRICK D C, MASON P A. Upper echelons: the organization as a reflection of its managers ［J］. Academy Management Review, 1984, 9 (2): 193-206.

［44］HAMBRICK D C, CHO S T, CHEN M J. The influence of top management team heterogeneity on firms competitive moves ［J］. Administrative Science Quarterly, 1996, 41 (4): 659-684.

［45］HARFORD J. What drives merger waves? ［J］. Journal of Financial Economics, 2005, 77 (3): 529-560.

［46］HAUGE J. Should the African lion learn from the Asian tigers? a comparative - historical study of FDI - oriented industrial policy in Ethiopia, South Korea and Taiwan ［J］. Third World Quarterly, 2019, 40 (11): 2071-2091.

［47］JENSEN M C, MECKLING W. Theory of the firm: managerial behavior, agency costs and ownership structure ［J］. Journal of Financial Economics, 1976, 3 (4): 305-360.

［48］JENSEN M C. Agency costs of free cash flow, corporate finance, and takeovers ［J］. American Economic Review, 1986, 76 (2): 323-329.

［49］KAMM J B, SHUMAN J C, SEEGER J A, et al. Entrepreneurial teams in new venture creation: a research agenda ［J］. Entrepreneurship Theory and Practice, 1990, 14 (4): 7-17.

［50］KAPLAN S N, ZINGALES L. Do investment-cash flow sensitivities provide useful measures of financing constraints? ［J］. Quarterly Journal of Economics, 1997, 112 (1): 169-215.

［51］ KASAHARA H, SHIMOTSU K, SUZUKI M. Does an R&D tax credit affect R&D expenditure? the Japanese R&D tax credit reform in 2003 ［J］. Journal of the Japanese and International Economies, 2014 (31): 72-97.

［52］ KEMP R, NEVER B. Green transition, industrial policy, and economic development ［J］. Oxford Review of Economic Policy, 2017, 33 (1): 66-84.

［53］ KNIGHT D, PEARCE C, SMITH K, et al. Top management team diversity, group process, and strategic consensus ［J］. Strategic Management Journal, 1999, 20 (5): 445-465.

［54］ KOHLI R, MANN B. Analyzing determinants of value creation in domestic and cross border acquisitions in India ［J］. International Business Review, 2012, 21 (6): 998-1016.

［55］ LEE J W. Government interventions and productivity growth ［J］. Journal of Economic Growth, 1996 (1): 391-414.

［56］ LI P, LU Y, WANG J. Does flattening government improve economic performance? evidence from China ［J］. Journal of Development Economics, 2016, 123 (11): 18-37.

［57］ LIU N, CHEN W. Executives' overconfidence, political connection and acquisition premium of enterprises ［J］. Journal of Service Science and Management, 2017, 10 (3): 260-279.

［58］ MALMENDIER U, TATE G. Who makes acquisitions? CEO overconfidence and the market's reaction ［J］. Journal of Financial Economics, 2008, 89 (1): 20-43.

［59］ MASON A, CARPENTER. The implications of strategy and social context for the relationship between top team management heterogeneity and firm performance ［J］. Strategic Management Journal, 2002, 23 (3): 275-284.

［60］ MASULIS R W, WANG C, XIE F. Corporate governance and acquirer returns ［J］. Journal of Finance, 2007, 62 (4): 1851-1889.

[61] MITCHELL M L, MULHERIN J H. The impact of industry shocks on takeover and restructuring activity [J]. Journal of Financial Economics, 1996, 41 (2): 193-229.

[62] MUEHLFELD K, SAHIB P R, WITTELOOSTUIJN A V. A contextual theory of organizational learning from failures and successes: a study of acquisition completion in the global newspaper industry, 1981—2008 [J]. Strategic Management Journal, 2012, 33 (8): 938-964.

[63] MUELLERD C. A theory of conglomerate mergers [J]. The Quarterly Journal of Economics, 1969, 83 (4): 643-659.

[64] MULLIN G L, MULLIN J L, MULLIN W P. The competitive effects of mergers: stock market evidence from the U. S. steel discussion suit [J]. Rand Journal of Economics, 1995, 26 (2): 314-330.

[65] MYERS S C. The Capital Structure Puzzle [J]. Journal of Finance, 1984, 39 (3): 575-592.

[66] NAM H N, HIEU V P. Policy uncertainty and mergers and acquisitions [J]. Journal of Financial & Quantitative Analysis, 2017, 52 (2): 613-644.

[67] PAROLA H R, ELLIS K M, GOLDEN P. Performance effects of top management team gender diversity during the merger and acquisition process [J]. Management Decision, 2015, 53 (1): 57-74.

[68] POPLI M, SINHA A K. Determinants of early movers in cross-border merger and acquisition wave in an emerging market: a study of Indian firms [J]. Asia Pacific Journal of Management, 2014, 31 (4): 1075-1099.

[69] PFEFFER J. Organizational demography [J]. Research in Organizational Behavior, 1983 (5): 299-357.

[70] RHODES-KROPF M, VISWANATHAN S. Market valuation and merger waves [J]. Journal of Finance, 2004, 59 (6): 2685-2718.

[71] RODRIK D. Industrial policy: don't ask why, ask how [J]. Middle East Development Journal, 2009, 1 (1): 1-29.

[72] RODRIK D. Policy uncertainty and private investment in develop-

ing countries [J]. Journal of Development Economics, 1991, 36 (2): 229-242.

[73] ROLL R. The hubris hypothesis of corporate takeovers [J]. Journal of Business, 1986, 59 (2): 197-216.

[74] SCHARFSTEIN D S, STEIN J C.The dark side of internal capital markets: divisional rent-seeking and inefficient investment [J]. Journal of Finance, 2000, 55 (6): 2537-2564.

[75] SERVAES H. Tobin's Q and the gains from takeovers [J]. Journal of Finance, 1991, 46 (1): 409-419.

[76] SHLEIFER A, VISHNY R W. Stock market driven acquisitions [J]. Journal of Financial Economics, 2003, 70 (3): 295-311.

[77] SINGH S P. A gender-based performance analysis of micro and small Enterprises in Java, Indonesia [J]. Journal of Small Business Management, 2001, 39 (2): 174-182.

[78] SLEPTSOV A, ANAND J, VASUDEVA G. Relational configurations with information intermediaries: the effect of firm-investment bank ties on expected acquisition performance [J]. Strategic Management Journal, 2013, 34 (8): 957-977.

[79] SORENSEN D E. Characteristics of merging firms [J]. Journal of Economics and Business, 2000, 52 (5): 423-433.

[80] STEINBACH A L, HOLCOMB T R, HOLMES R M, et al. Top management team incentive heterogeneity, strategic investment behavior, and performance: a contingency theory of incentive alignment [J]. Strategic Management Journal, 2017, 38 (8): 1701-1720.

[81] TAJFEL H, BILLIG M G, BUNDY R P, et al. Social categorization and intergroup behaviour [J]. European Journal of Social Psychology, 1971, 1 (2): 149-178.

[82] TEECE D J, PISANO G, SHUEN A. Dynamic capabilities and strategic manage [J]. Strategic Management Journal, 1997, 18 (7): 509-533.

［83］WANG C, XIE F. Corporate governance transfer and synergistic gains from mergers and acquisitions ［J］. Review of Financial Studies, 2009, 22（2）: 829-858.

［84］WANG Q, GE Y, HU C. A relationship model between top management team cognitive heterogeneity and strategic decision quality and its implications for sustainability ［J］. Complexity, 2020: 1-12.

［85］WANG X, LIU S, TAO Z, et al. The impact of industrial policy and its combinations on the innovation quality of wind power enterprises: a study from the perspective of financing modes ［J］. Renewable Energy, 2022, 188: 945-956.

［86］WATSON W E, KUMAR K, MICHAELSEN L K. Cultural diversity's impact on interaction process and performance: comparing homogeneous and diverse task groups ［J］. The Academy of Management Journal, 1993, 36（3）: 590-602.

［87］WERNEFELT B.A resource-based view of the firm ［J］. Strategic Management Journal, 1984, 5（2）: 171-180.

［88］WIERSEMA M F, BANTEL K A. Top management team demography and corporate strategic change ［J］. The Academy of Management Journal, 1992, 35（1）: 91-121.

［89］Yin R K.Case study research design and methods ［M］. CA: Sage Publications Inc., 1994.

［90］YUAN F, LI M, SUN X, et al. The impact of demand-pull and supply-push policies on technological innovation: does the type of policy matter? ［J］. International Journal of Technology Management, 2023, 92（4）: 269-287.

［91］ZHU Z, TAN Y, WILSON C. Can green industrial policy promote green innovation in heavily polluting enterprises? evidence from China ［J］. Economic Analysis and Policy, 2022（74）: 59-75.

［92］安同良，周绍东，皮建才. R&D补贴对中国企业自主创新的激励效应［J］. 经济研究, 2009（10）: 87-98; 120.

[93] 白景坤，李红艳，屈玲霞.动态环境下上市公司高管团队的异质性如何影响战略变革——基于沪深两市中小企业板上市公司数据的实证分析 [J]. 宏观经济研究，2017（2）：157-168.

[94] 毕晓方，张俊民，李海英.产业政策、管理者过度自信与企业流动性风险 [J]. 会计研究，2015（3）：57-63.

[95] 步丹璐，屠长文，罗宏.产业政策能否缓解市场分割？——基于企业异地股权投资视角的实证研究 [J]. 产业经济研究，2017（6）：75-88.

[96] 步丹璐，王晓艳.政府补助、软约束与薪酬差距 [J]. 南开管理评论，2014（2）：23-33.

[97] 蔡春，鲍瑞雪，张翼俊，等.并购活动与标的公司共享审计师对并购溢价的影响研究 [J]. 审计研究，2022（6）：68-79.

[98] 蔡庆丰，田霖，郭俊峰.民营企业家的影响力与企业的异地并购——基于中小板企业实际控制人政治关联层级的实证发现 [J]. 中国工业经济，2017（3）：156-173.

[99] 蔡庆丰，田霖.产业政策与企业跨行业并购：市场导向还是政策套利 [J]. 中国工业经济，2019（1）：81-99.

[100] 蔡晓陈，陈静宇.数字经济产业政策提高了企业全要素生产率吗？——基于研发投入与融资约束视角 [J]. 产业经济研究，2023（3）：16-30.

[101] 曹平，王桂军.选择性产业政策、企业创新与创新生存时间——来自中国工业企业数据的经验证据 [J]. 产业经济研究，2018（4）：26-39.

[102] 曾春影，茅宁，易志高.CEO的知青经历与企业并购溢价——基于烙印理论的实证研究 [J]. 外国经济与管理，2019（11）：3-14.

[103] 车嘉丽，薛瑞.产业政策激励影响了企业融资约束吗？[J]. 南方经济，2017（6）：92-114.

[104] 陈闯，吴晓晖，卫芳.团队异质性、管理层持股与企业风险行为 [J]. 管理科学学报，2016（5）：1-13.

[105] 陈冬华，姚振晔. 政府行为必然会提高股价同步性吗？——基于我国产业政策的实证研究 [J]. 经济研究，2018 (12)：112-128.

[106] 陈关聚，闫竹芹. 高管团队异质性对资本结构与研发投入关系的影响研究 [J]. 工业技术经济，2019 (7)：22-29.

[107] 陈红，张玉，刘东霞. 政府补助、税收优惠与企业创新绩效——不同生命周期阶段的实证研究 [J]. 南开管理评论，2019 (3)：187-200.

[108] 陈瑾玫. 中国产业政策效应研究 [M]. 北京：北京师范大学出版社，2011.

[109] 陈仕华，姜广省，卢昌崇. 董事联结、目标公司选择与并购绩效——基于并购双方之间信息不对称的研究视角 [J]. 管理世界，2013 (12)：117-132.

[110] 陈仕华，姜广省，卢昌崇，等. 国企高管政治晋升对企业并购行为的影响——基于企业成长压力理论的实证研究 [J]. 管理世界，2015 (9)：125-136.

[111] 陈文俊，彭有为，胡心怡. 战略性新兴产业政策是否提升了创新绩效 [J]. 科研管理，2020 (1)：22-34.

[112] 陈岩，郭文博. 制度风险与跨国并购成败：大国外交和经济"软实力"的调节作用 [J]. 世界经济研究，2018 (5)：51-64.

[113] 陈艳莹，于千惠，刘经珂. 绿色产业政策能与资本市场有效"联动"吗——来自绿色工厂评定的证据 [J]. 中国工业经济，2022 (12)：89-107.

[114] 陈忠卫，常极. 高管团队异质性、集体创新能力与公司绩效关系的实证研究 [J]. 软科学，2009 (9)：78-83.

[115] 程俊杰，刘志彪. 产能过剩、要素扭曲与经济波动——来自制造业的经验证据 [J]. 经济学家，2015 (11)：59-69.

[116] 邓新明，罗欢，龙贤义，等. 高管团队异质性、竞争策略组合与市场绩效——来自中国家电行业的实证检验 [J]. 南开管理评论，2021 (4)：103-117.

[117] 董莉军. 中国企业跨国并购交易完成率决定因素分析 [J]. 国

际商务研究，2017（3）：87-96.

[118] 范亚东，张琦，闫雨.高管激励强度与企业发展——高管团队人力资本的调节作用［J］.商业研究，2016（10）：101-108.

[119] 方军雄.政府干预、所有权性质与企业并购［J］.管理世界，2008（9）：118-123.

[120] 冯飞鹏.产业政策、信贷配置与创新效率［J］.财经研究，2018（7）：142-153.

[121] 冯正强，荆梦.多维距离对我国矿产资源企业跨国并购成败的影响——地理、经济、制度与文化［J］.产经评论，2021（1）：148-160.

[122] 冯根福，李德志，王会芳.西方企业并购理论：属性、动机与影响［J］.经济管理，2002（16）：10-16.

[123] 干春晖.并购经济学［M］.北京：清华大学出版社，2004.

[124] 高翀，石昕.公司竞争战略下的并购与业绩承诺——基于文本分析的经验证据［J］.经济管理，2022（12）：83-102.

[125] 关宇航，师一帅.产业政策、公司治理与民营企业投资效率——一个有调节的中介效应模型［J］.当代经济管理，2019（11）：15-24.

[126] 郭冰，吕巍，周颖.公司治理、经验学习与企业连续并购——基于我国上市公司并购决策的经验证据［J］.财经研究，2011（10）：124-134.

[127] 郭飞，马睿，谢香兵.产业政策、营商环境与企业脱虚向实——基于国家五年规划的经验证据［J］.财经研究，2022（2）：33-46；62.

[128] 郭建鸾，胡旭.中资银行海外并购的现实动因及目标选择策略［J］.中央财经大学学报，2013（3）：17-22.

[129] 郭建全，陈娟，王疆.并购经验、政治风险与多元化并购［J］.哈尔滨商业大学学报（社会科学版），2017（4）：34-41.

[130] 韩超，孙晓琳，肖兴志.产业政策实施下的补贴与投资行为：不同类型政策是否存在影响差异？［J］.经济科学，2016（4）：30-42.

[131] 韩洁，田高良，杨宁.连锁董事与并购目标选择：基于信息传

递视角 [J]. 管理科学，2014（2）：15-25.

[132] 韩乾，洪永淼. 国家产业政策、资产价格与投资者行为 [J]. 经济研究，2014（12）：143-158.

[133] 韩庆潇，杨晨，顾智鹏. 高管团队异质性对企业创新效率的门槛效应——基于战略性新兴产业上市公司的实证研究 [J]. 中国经济问题，2017（2）：42-53.

[134] 韩永辉，黄亮雄，王贤彬. 产业政策推动地方产业结构升级了吗？——基于发展型地方政府的理论解释与实证检验 [J]. 经济研究，2017（8）：33-48.

[135] 何熙琼，尹长萍，毛洪涛. 产业政策对企业投资效率的影响及其作用机制研究——基于银行信贷的中介作用与市场竞争的调节作用 [J]. 南开管理评论，2016（5）：161-170.

[136] 洪道麟，刘力，熊德华. 多元化并购、企业长期绩效损失及其选择动因 [J]. 经济科学，2006（5）：63-73.

[137] 胡若痴，皇甫凌燕. 中外装备制造企业跨国并购绩效影响因素比较——基于DEA方法的实证分析 [J]. 财政研究，2014（10）：38-41.

[138] 黄旭，徐朝霞，李卫民. 中国上市公司高管背景特征对企业并购行为的影响研究 [J]. 宏观经济研究，2013（10）：67-73；113.

[139] 贾玉成，张诚. 经济周期、经济政策不确定性与跨国并购：基于中国企业跨国并购的研究 [J]. 世界经济研究，2018（5）：65-79.

[140] 贾镜渝，李文，郭斌. 经验是如何影响中国企业跨国并购成败的——基于地理距离与政府角色的视角 [J]. 国际贸易问题，2015（10）：87-97.

[141] 贾良定，张君君，钱海燕，等. 企业多元化的动机、时机和产业选择——西方理论和中国企业认识的异同研究 [J]. 管理世界，2005（8）：94-104；172.

[142] 江飞涛，李晓萍. 直接干预市场与限制竞争：中国产业政策的取向与根本缺陷 [J]. 中国工业经济，2010（9）：26-36.

[143] 江小涓. 产业政策实际效果的初步评价 [J]. 社会科学辑刊，1996（1）：53-57.

[144] 姜付秀，张敏，陆正飞，等. 管理者过度自信、企业扩张与财务困境 [J]. 经济研究，2009（1）：131-143.

[145] 姜国华，饶品贵. 宏观经济政策与微观企业行为——拓展会计与财务研究新领域 [J]. 会计研究，2011（3）：9-18；94.

[146] 姜英兵，崔广慧. 环保产业政策对企业环保投资的影响：基于重污染上市公司的经验证据 [J]. 改革，2019（2）：87-101.

[147] 蒋冠宏，彭勇. 外商企业在华并购的目标："樱桃"还是"柠檬"？[J]. 世界经济研究，2023（7）：32-46；134.

[148] 焦健. 董事会异质性对企业业绩的影响分析——基于 B-样条展开的非线性分位数回归的研究 [J]. 财贸研究，2019（9）：101-110.

[149] 鞠晓生，卢荻，虞义华. 融资约束、营运资本管理与企业创新可持续性 [J]. 经济研究，2013（1）：4-16.

[150] 蓝发钦，蔡娜婷. 经济政策不确定性与企业并购 [J]. 上海金融，2019（10）：19-27.

[151] 黎文靖，郑曼妮. 实质性创新还是策略性创新？——宏观产业政策对微观企业创新的影响 [J]. 经济研究，2016（4）：60-73.

[152] 黎文靖，李耀淘. 产业政策激励了公司投资吗 [J]. 中国工业经济，2014（5）：122-134.

[153] 李彬，潘爱玲. 税收诱导、战略异质性与公司并购 [J]. 南开管理评论，2015（6）：125-135.

[154] 李冬伟，吴菁. 高管团队异质性对企业社会绩效的影响 [J]. 管理评论，2017（12）：84-93.

[155] 李端生，王晓燕. 高管团队异质性、激励机制与企业研发投资行为——来自创业板上市公司的经验数据 [J]. 经济问题，2019（2）：58-68.

[156] 李广子，刘力. 产业政策与信贷资金配置效率 [J]. 金融研究，2020（5）：114-131.

[157] 李洪，叶广宇，赵文丽. 知识距离与中国企业跨国并购的创新绩效研究 [J]. 管理学报，2019（9）：1366-1374.

[158] 李静，颜振军，姚景民. 产业政策激励了创业孵化绩效

吗？——来自中国孵化器的微观证据［J］. 科技管理研究，2023（13）：18-27.

［159］李善民，毛雅娟，赵晶晶. 高管持股、高管的私有收益与公司的并购行为［J］. 管理科学，2009（6）：2-12.

［160］李善民，周珏廷. 金融背景高管能助力实体企业高质量并购吗？［J］. 中山大学学报（社会科学版），2022（5）：194-206.

［161］李寿喜. 产权、代理成本和代理效率［J］. 经济研究，2007（1）：102-113.

［162］李维安，陈钢. 高管持股、会计稳健性与并购绩效——来自沪深A股上市公司的经验证据［J］. 审计与经济研究，2015（4）：3-12.

［163］李维安，刘振杰，顾亮. 董事会异质性、断裂带与跨国并购［J］. 管理科学，2014（4）：1-11.

［164］李卫宁，李莉. TMT异质性、战略变革与绩效改善的关系研究——基于绩效下滑的非多元化企业的数据实证［J］. 中国管理科学，2015（6）：153-161.

［165］李增泉，余谦，王晓坤. 掏空、支持与并购重组——来自我国上市公司的经验证据［J］. 经济研究，2005（1）：95-105.

［166］厉以宁，林毅夫，郑永年，等. 读懂一带一路［M］. 北京：中信出版社，2015.

［167］连立帅，陈超，白俊. 产业政策与信贷资源配置［J］. 经济管理，2015（12）：1-11.

［168］林晨，陈荣杰，徐向宇. 渐进式市场化改革、产业政策与经济增长——基于产业链的视角［J］. 中国工业经济，2023（4）：42-59.

［169］林毅夫，张军，王勇，等. 产业政策总结、反思与展望［M］. 北京：北京大学出版社，2018.

［170］林毅夫. 潮涌现象与发展中国家宏观经济理论的重新构建［J］. 经济研究，2007（1）：126-131.

［171］林志帆，黄新飞，李灏桢. 何种产业政策更有助于企业创新：选择性还是功能性？——基于中国制造业上市公司专利数据的经验研究［J］. 财政研究，2022（1）：110-129.

［172］刘澄，顾强，董瑞青.产业政策在战略性新兴产业发展中的作用［J］.经济社会体制比较，2011（1）：196-203.

［173］刘敏，朱亚鹏，辜良烈.双边政治关系与中国企业跨国并购成功率——基于联合国大会投票数据的研究［J］.南方经济，2020（7）：18-38.

［174］刘和旺，黄织娇，郑世林.新能源汽车产业政策何以激励企业技术创新？［J］.科研管理，2023（2）：21-31.

［175］刘璐，杨蕙馨，崔恺媛.文化距离、母公司能力与跨国并购绩效——基于中国上市公司跨国并购样本的实证研究［J］.山东大学学报（哲学社会科学版），2019（4）：55-64.

［176］刘若鸿，黄玖立.地方产业政策与债券融资成本［J］.中国工业经济，2023（6）：118-136.

［177］刘社建.中国产业政策的演进、问题及对策［J］.学术月刊，2014（2）：79-85.

［178］陆正飞，韩非池.宏观经济政策如何影响公司现金持有的经济效应？——基于产品市场和资本市场两重角度的研究［J］.管理世界，2013（6）：43-60.

［179］逯东，宋昕倍.产业政策能否促进资本"联姻"——基于上市公司设立并购基金的视角［J］.中国工业经济，2022（3）：114-132.

［180］马文超，何珍.产业政策、产品市场竞争与企业债务融资［J］.会计与经济研究，2017（4）：71-90.

［181］闵剑，刘忆.全球价值链、融资约束与跨国并购绩效——来自中国制造业企业的证据［J］.国际贸易问题，2019（3）：71-84.

［182］孟庆玺，尹兴强，白俊.产业政策扶持激励了企业创新吗？——基于"五年规划"变更的自然实验［J］.南方经济，2016（12）：1-25.

［183］潘爱玲.企业跨国并购后的整合管理［M］.北京：商务印书馆，2006.

［184］潘爱玲，刘文楷，王雪.管理者过度自信、债务容量与并购溢价［J］.南开管理评论，2018（3）：35-45.

[185] 潘红波, 夏新平, 余明桂. 政府干预、政治关联与地方国有企业并购 [J]. 经济研究, 2008 (4): 41-52.

[186] 潘红波, 杨海霞. 竞争者融资约束对企业并购行为的影响研究 [J]. 中国工业经济, 2022 (7): 159-177.

[187] 潘文泳, 朱小明. 经济政策不确定性对企业并购的影响研究 [J]. 大连理工大学学报 (社会科学版), 2023 (3): 36-44.

[188] 祁继鹏, 何晓明. 高管团队的社会资本能否改变企业并购绩效? [J]. 财经问题研究, 2015 (12): 111-118.

[189] 邱金龙, 潘爱玲, 吴倩, 等. 产业政策影响了衰退期企业的并购决策吗? [J]. 审计与经济研究, 2020 (6): 95-104.

[190] 饶品贵, 石孟卿, 姜国华, 等. 宏观经济政策与微观企业行为互动关系研究——首届 "宏观经济政策与微观企业行为" 学术研讨会综述 [J]. 经济研究, 2013 (2): 150-154.

[191] 邵宇佳, 周博文, 王光. 产业政策有助于中国企业对外直接投资吗? ——基于微观数据的实证检验 [J]. 财政科学, 2023 (3): 137-152.

[192] 盛斌, 孙天昊. 亚太区域合作与 "一带一路" 倡议的统筹与对接 [M]. 天津: 南开大学出版社, 2022.

[193] 舒锐. 产业政策一定有效吗? ——基于工业数据的实证分析 [J]. 产业经济研究, 2013 (3): 45-54; 63.

[194] 宋凌云, 王贤彬. 重点产业政策、资源重置与产业生产率 [J]. 管理世界, 2013 (12): 63-77.

[195] 苏坤. CEO 背景特征对公司风险承担的影响研究 [J]. 当代经济管理, 2016 (11): 18-25.

[196] 孙海法, 姚振华, 严茂胜. 高管团队人口统计特征对纺织和信息技术公司经营绩效的影响 [J]. 南开管理评论, 2006 (6): 61-67.

[197] 孙凯, 刘祥, 谢波. 高管团队特征、薪酬差距与创业企业绩效 [J]. 科研管理, 2019 (2): 116-125.

[198] 孙轻宇, 王云开, 张峰, 等. 家族企业两权分离与跨国并购——基于 "掏空" 行为视角的机制解释 [J]. 南开经济研究, 2022

（11）：172-188.

［199］孙自愿，梁庆平，卫慧芳. 政府干预、公司特征与并购扩张价值创造——基于资源基础理论视角［J］. 北京工商大学学报（社会科学版），2013（6）：57-65.

［200］谭劲松，冯飞鹏，徐伟航. 产业政策与企业研发投资［J］. 会计研究，2017（10）：58-64.

［201］唐建新，罗文涛. 产业政策、政治关联与民营企业投资［J］. 商业研究，2016（11）：33-40.

［202］唐曼萍，余小龙，孙晨益，等. 高管背景特征对投资者保护水平的影响研究——基于农业上市公司的经验证据［J］. 软科学，2018（6）：92-96；102.

［203］陶建宏，师萍，段伟宇. 高管层背景特征、企业所有权性质与研发强度关系研究［J］. 科技管理研究，2013（5）：113-118.

［204］陶瑞，张秋月. 基于并购匹配的目标企业选择研究［J］. 北京工商大学学报（社会科学版），2011（6）：52-57.

［205］佟岩，林宇彤，李鑫. 经济政策不确定性与长期并购绩效［J］. 北京理工大学学报（社会科学版），2021（1）：53-66.

［206］王超恩. 政府补贴与股价崩盘风险［J］. 财经论丛，2016（8）：12-20.

［207］王海，许冠南. 政策协同、官员更替与企业创新——来自战略新兴产业政策文本的经验证据［J］. 财经问题研究，2017（1）：33-40.

［208］王疆，张达炜. 金融环境不确定性、组织间模仿与中国企业跨国并购的区位选择［J］. 上海金融，2020（4）：45-53.

［209］王克敏，刘静，李晓溪. 产业政策、政府支持与公司投资效率研究［J］. 管理世界，2017（3）：113-124.

［210］王凤荣. 政府竞争视角下的企业并购与产业整合研究［M］. 北京：社会科学文献出版社，2016.

［211］王宛秋，吴文玲. 跨国并购中的文化距离能"缩短"吗？——基于我国上市公司的证据检验［J］. 北京工商大学学报（社会科学版），2015（4）：93-101.

[212] 王宛秋，王雪晴. 董事长-总经理任职经验异质性与技术敏感性对企业技术并购规模的影响 [J]. 科技进步与对策，2019（5）：130-137.

[213] 王文娜，刘戒骄. 高管薪酬激励、产业补贴政策与颠覆性技术创新 [J]. 中国科技论坛，2020（8）：43-51.

[214] 王艳，李善民. 社会信任是否会提升企业并购绩效？[J]. 管理世界，2017（12）：125-140.

[215] 王砚羽，谢伟，乔元波，等. 隐形的手：政治基因对企业并购控制倾向的影响——基于中国上市公司数据的实证分析 [J]. 管理世界，2014（8）：102-114；133.

[216] 魏立群，王智慧. 我国上市公司高管特征与企业绩效的实证研究 [J]. 南开管理评论，2002（4）：16-22.

[217] 魏炜，朱青元，林桂平. 政治关联、多元化并购与企业并购绩效 [J]. 管理学报，2017（7）：998-1005.

[218] 吴超鹏，吴世农，郑方镳. 管理者行为与连续并购绩效的理论与实证研究 [J]. 管理世界，2008（7）：126-133；188.

[219] 吴建祖，陈丽玲. 高管团队并购经验与企业海外并购绩效：高管团队薪酬差距的调节作用 [J]. 管理工程学报，2017（4）：8-14.

[220] 吴先明，马子涵. 产业政策与跨境并购：政策导向还是创新驱动？[J]. 科学学研究，2023（9）：1-21.

[221] 吴先明，纪玉惠. 决定中国企业海外并购绩效的因素分析 [J]. 科学决策，2016（10）：1-19.

[222] 吴世农，尤博，王建勇，等. 产业政策工具、企业投资效率与股价崩盘风险 [J]. 管理评论，2023（1）：272-282.

[223] 武力超，吴政贤，林澜，等. 新能源汽车产业政策对企业技术创新的影响研究 [J]. 科学管理研究，2023（3）：71-78.

[224] 吴倩，潘爱玲，刘昕. 产业政策支持、企业生命周期与风险承担 [J]. 商业经济与管理，2019（1）：74-87.

[225] 吴怡俐，吕长江，倪晨凯. 增值税留抵退税能否促进企业风险承担？[J]. 会计研究，2022（12）：46-59.

［226］吴志军. 企业并购失败的原因分析［J］. 当代财经，2001（12）：64-66.

［227］谢洪明，邵乐乐，李哲麟. 中国企业跨国并购创新绩效影响因素及模式——基于清晰集的定性比较分析［J］. 科技进步与对策，2018（5）：81-87.

［228］肖挺，刘华，叶芃. 高管团队异质性与商业模式创新绩效关系的实证研究：以服务行业上市公司为例［J］. 中国软科学，2013（8）：125-135.

［229］邢斐，海梦碟，曹瑜强. 经济政策不确定性与企业技术型并购——基于企业间的策略性互动关系视角［J］. 中国工业经济，2023（6）：137-155.

［230］邢会，王飞，高素英. 战略性新兴产业政策促进企业实质性创新了吗？——基于"寻租"调节效应的视角［J］. 产经评论，2019（1）：86-99.

［231］熊艾伦，王子娟，张勇，等. 性别异质性与企业决策：文化视角下的对比研究［J］. 管理世界，2018（6）：127-139；188.

［232］徐思，何晓怡，钟凯. "一带一路"倡议与中国企业融资约束［J］. 中国工业经济，2019（7）：155-173.

［233］徐炜锋，阮青松. 外部环境不确定性、企业社会资本与企业并购决策——基于资源获取视角［J］. 管理评论，2023（5）：214-227.

［234］晏艳阳，王娟. 产业政策如何促进企业创新效率提升——对"五年规划"实施效果的一项评价［J］. 产经评论，2018（3）：57-74.

［235］杨蓉，刘婷婷，高凯. 产业政策扶持、企业融资与制造业企业创新投资［J］. 山西财经大学学报，2018（11）：41-51.

［236］杨波，周丽萍. 东道国交通运输能力与中国企业跨国并购：基于生产率调节效应的视角［J］. 世界经济研究，2020（1）：96-106；137.

［237］杨瑞龙，王元，聂辉华. "准官员"的晋升机制：来自中国央企的证据［J］. 管理世界，2013（3）：23-33.

［238］杨沐纯，杨文欣，赵勇. 境内并购经历会影响跨境并购吗——来自中国企业的证据［J］. 国际经贸探索，2023（3）：71-88.

［239］杨兴全，任小毅．多元化经营缓解了非产业政策扶持企业融资约束吗［J］．财贸研究，2019（3）：99-110.

［240］杨兴全，尹兴强，孟庆玺．谁更趋多元化经营：产业政策扶持企业抑或非扶持企业？［J］．经济研究，2018（9）：133-150.

［241］杨玉龙，汪峰．去杠杆政策是否与产业政策相冲突？——基于企业债务融资视角的实证考察［J］．中南财经政法大学学报，2020（2）：3-13；158.

［242］叶会，李善民．企业并购理论综述［J］．广东金融学院学报，2008（1）：115-128.

［243］尹达，綦建红．经济政策不确定性与企业跨境并购：影响与讨论［J］．世界经济研究，2020（12）：105-117.

［244］于连超，张卫国，毕茜．产业政策与企业"脱实向虚"：市场导向还是政策套利［J］．南开管理评论，2021（4）：128-142.

［245］于明超，谭阳．主导产业政策与企业全要素生产率——基于中国开发区设立的准自然实验［J］．产业经济评论，2023（1）：30-48.

［246］喻春娇，庄笑语．技术资源寻求型跨国并购对中国企业创新效率的影响——基于中国 A 股上市公司数据的研究［J］．科技管理研究，2023（9）：161-170.

［247］余明桂，范蕊，钟慧洁．中国产业政策与企业技术创新［J］．中国工业经济，2016（12）：5-22.

［248］余鹏翼，王满四．国内上市公司跨国并购绩效影响因素的实证研究［J］．会计研究，2014（3）：64-70.

［249］曾春影，茅宁，易志高．CEO 的知青经历与企业并购溢价——基于烙印理论的实证研究［J］．外国经济与管理，2019（11）：3-14.

［250］曾宪聚，陈霖，严江兵，等．高管从军经历对并购溢价的影响：烙印——环境匹配的视角［J］．外国经济与管理，2020（9）：94-106.

［251］张丽英．高新技术企业并购研究——基于战略目标［J］．技术经济与管理研究，2014（10）：34-37.

［252］张诚，赵剑波. 高管团队异质性、企业所有制与海外股权并购——来自中国上市公司的经验证据［J］. 北京工商大学学报（社会科学版），2012（2）：55-61.

［253］张艾莲，封军丽，刘柏. 文化和制度距离、跨国并购与"一带一路"投资［J］. 云南财经大学学报，2018（6）：38-47.

［254］张继德，张家轩. 高管海外经历与企业跨国并购——基于动因视角的研究［J］. 审计与经济研究，2022（5）：75-83.

［255］张金鑫. 企业并购［M］. 北京：机械工业出版社，2016.

［256］张莉，朱光顺，李世刚，等. 市场环境、重点产业政策与企业生产率差异［J］. 管理世界，2019（3）：114-126.

［257］张娆，路继业，姬东骅. 产业政策能否促进企业风险承担？［J］. 会计研究，2019（7）：3-11.

［258］张娟，李培馨，陈晔婷. 地理距离对企业跨国并购行为是否失去了影响？［J］. 世界经济研究，2017（5）：51-61.

［259］张娟，史喆. 并购经验是否为并购企业创造价值——基于Meta方法的多重误设定偏倚分析［J］. 贵州社会科学，2019（11）：134-144.

［260］张婷婷，张新民，陈德球. 产业政策、人才密度与企业创新效率——基于地区产业政策的视角［J］. 中山大学学报（社会科学版），2019（4）：173-183.

［261］张新. 并购重组是否创造价值？——中国证券市场的理论与实证研究［J］. 经济研究，2003（6）：20-29；93.

［262］张新民，张婷婷，陈德球. 产业政策、融资约束与企业投资效率［J］. 会计研究，2017（4）：12-18；95.

［263］张兆国，向首任，曹丹婷. 高管团队异质性与企业社会责任——基于预算管理的行为整合作用研究［J］. 管理评论，2018（4）：120-131.

［264］张志平，朱思颖，吕风光. 新冠疫情的资本市场冲击效应研究［J］. 会计之友，2020（18）：131-137.

[265] 张志平，潘爱玲，吕凤光. 连锁机构投资者的双重功能与企业并购价值 [J]. 经济管理，2022（11）：148-166.

[266] 张自巧. 内源融资能力、公司治理质量与并购绩效 [J]. 财经问题研究，2014（6）：51-56.

[267] 赵乐，王琨. 高管团队内部网络与并购绩效 [J]. 金融研究，2020（11）：170-187.

[268] 赵黎明，陈妍庆. 创新存量、技术互补性与跨国并购技术创新绩效 [J]. 科学学与科学技术管理，2019（2）：68-83.

[269] 赵息，张西栓. 内部控制、高管权力与并购绩效——来自中国证券市场的经验证据 [J]. 南开管理评论，2013（2）：75-81.

[270] 钟宁桦，温日光，刘学悦. "五年规划"与中国企业跨境并购 [J]. 经济研究，2019（4）：149-164.

[271] 周进. 共建"一带一路"：发展历程、主要成果与重要经验 [J]. 当代中国史研究，2023（3）：4-20；150.

[272] 周绍妮，王中超，操群. 高管权力、机构投资者与并购绩效 [J]. 财经论丛，2019（9）：73-81.

[273] 周绍妮，张秋生，胡立新. 机构投资者持股能提升国企并购绩效吗？——兼论中国机构投资者的异质性 [J]. 会计研究，2017（6）：67-74；97.

[274] 周叔莲，乔仁义. 关于实施产业政策的几个问题 [J]. 经济管理，1990（10）：4-9；43.

[275] 周小春，李善民. 并购价值创造的影响因素研究 [J]. 管理世界，2008（5）：134-143.

[276] 周中胜，贺超，韩燕兰. 高管海外经历与企业并购绩效：基于"海归"高管跨文化整合优势的视角 [J]. 会计研究，2020（8）：64-76.

[277] 朱冰，杨晓彤. 股票支付与并购业绩承诺：协同还是合谋？ [J]. 经济管理，2022（10）：151-170.

[278] 朱冠平，扈文秀，车闪闪. 企业经营风险对并购行为的影响和机制 [J]. 金融与经济，2020（9）：83-89.

[279] 朱佳青，李广众. 汇率跳跃风险对跨国并购的影响研究 [J]. 中山大学学报（社会科学版），2019（3）：175-185.

[280] 朱晋伟，彭瑾瑾，刘靖. 高层管理团队特征对企业技术创新投入影响的研究——激励的调节效应 [J]. 科学决策，2014（8）：17-33.

[281] 朱乐，陈承. 关系嵌入视角下高管团队异质性对企业社会责任绩效的影响研究 [J]. 管理学报，2020（9）：1318-1326.

[282] 朱勤，刘垚. 我国上市公司跨国并购财务绩效的影响因素分析 [J]. 国际贸易问题，2013（8）：151-160.

[283] 朱孟楠，徐云娇. 汇率风险对冲如何影响企业并购行为——基于自由现金流的视角 [J]. 金融研究，2022（12）：36-54.

[284] 祝继高，韩非池，陆正飞. 产业政策、银行关联与企业债务融资——基于 A 股上市公司的实证研究 [J]. 金融研究，2015（3）：176-191.

[285] 左志刚，杨帆. 东道国文化特质与跨国并购失败风险——基于中国企业海外并购样本的实证研究 [J]. 外国经济与管理，2021（1）：58-72.